伊勢丹のうちごはん

有名シェフ26人による　おうちでつくれるオリジナルレシピ147

伊勢丹 編

GENTOSHA

伊勢丹のうちごはん

有名シェフ26人による　おうちでつくれるオリジナルレシピ147

伊勢丹　編

幻冬舎

はじめに

２００７年６月13日、伊勢丹新宿店、地下一階にガラス張りのイートインスペースができました。

「キッチンステージ」と名付けられたこの場所は、
おいしい素材を作る生産者を応援しようという考えから生まれました。
「素材を主役にした料理の提案」をモットーに、
多くの方がおいしい素材を手に取るきっかけとなる、
生産者と消費者の距離を近づける架け橋のような場所を目指しています。

この考えに賛同してくださった日本中の有名店のシェフたちが、
「素材のおいしさをどうやって引き出すか」に焦点をあててオリジナルレシピを考案してくださいました。
「キッチンステージ」では、一流シェフたちが考えた「レストランと家庭料理の中間となるような料理」を、
期間限定で食べることができます。
また、食べてくださったお客さまがご家庭でもその料理を再現できるように、レシピは食後持ち帰ることができます。

「キッチンステージ」ができてから現在5年目に入り、
多くのシェフと多くのお客さまに支えられながら、当初と同じ志で運営されています。
その中で、今回は２００８年～２００９年に振舞われたレシピを収録しました。

伊勢丹と有名シェフが提案する、「素材のおいしさが存分に味わえる料理」を、ぜひご家庭でもお試しください。

伊勢丹のうちごはん もくじ

イタリア料理

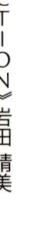

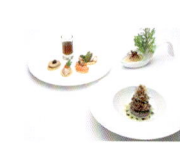

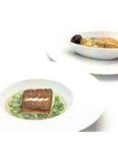

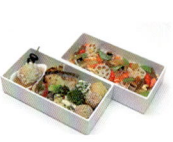

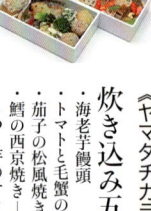

イタリア料理

リストランテ　ホンダ
本多 哲也
Tetsuya Honda

アル・ポンテ
原 宏治
Koji Hara

ラ・ロゼッタ
藤井 実
Minoru Fujii

オステリア・トット
根本 岳
Takeshi Nemoto

カノビアーノ
植竹 隆政
Takamasa Uetake

伊勢丹「キッチンステージ」
小山 雄史
Masashi Koyama

アロマフレスカ
原田 慎次
Shinji Harada

ダ・サスィーノ
笹森 通彰
Michiaki Sasamori

イル ギオットーネ
笹島 保弘
Yasuhiro Sasajima

アル・ケッチァーノ
奥田 政行
Masayuki Okuda

オステリア ルッカ
桝谷 周一郎
Syuichiro Masuya

ディリット
坂内 正宏
Masahiro Sakauchi

――リストランテ　ホンダ

本多 哲也

穴子とフォアグラのミッレフォーリエ

バルサミコソース　クレソンのサラダ添え

夏野菜とカリフラワーのビアンコマンジャーレ

――三つ葉のソース

ズッキーニとリコッタチーズのスパゲティ

――ボローニャ風

カリカリに仕上がった穴子とフォアグラを重ね、さっぱりしたバルサミコソースとサルサヴェルデをかけました。もう二皿は、濃厚な甘さのビアンコマンジャーレと、肉の旨みが十分引き出されたボロネーゼスパゲティです。

材　料

穴子とフォアグラのミッレフォーリエ
バルサミコソース　クレソンのサラダ添え

（4人分）

穴子	1尾
小なす	4個
EXVオイル(エクストラバージンオリーブオイル)	適量
にんにく	適量
生ハム	20g
タイム	1本
ローズマリー	1本
フォアグラ	30g×4
小麦粉	適量
エシャロット	少々
クレソン	2束
フレンチドレッシング	適量
山椒	適量
塩・胡椒	各適量
揚げ油	適量

バルサミコソース

バルサミコ酢	40cc
EXVオイル	適量
水	適量
黒胡椒	適量

サルサヴェルデ

バジル	50g
パセリ	1束(200g)
ローズマリー(みじん切り)	1本
アンチョビ	2〜4本
ケッパー	25g
にんにく(すりおろし)	大さじ1
EXVオイル	適量
塩	適量
白胡椒	適量

フレンチドレッシング

たまねぎ(すりおろし)	¼個分
練りからし	小さじ¼
サラダ油	500cc
米酢	100cc
タバスコ	適量
リーペリンソース	適量
塩	適量
白胡椒	適量
レモン汁	¼個分

夏野菜とカリフラワーのビアンコマンジャーレ
三つ葉のソース　（5人分）

カリフラワー(ボイル)	200g
生クリーム	65cc
牛乳	100cc
ゼラチン	3g
塩	適量
赤かぶ	2個
ヤングコーン	10本
オクラ	5本
カリフラワー	15房
グリーンアスパラガス	5本
レモン汁	少々
EXVオイル	適量
フレンチドレッシング	適量
セルフィーユ	適量
生ハムスライス	適量
アンチョビフィレ	少々
ケッパー	少々

三つ葉のソース

三つ葉	2束
アンチョビペースト	適量

ズッキーニとリコッタチーズのスパゲティ
ボローニャ風　（5人分）

牛挽肉(粗挽き)	250g
豚挽肉(粗挽き)	250g
ローズマリー	1本
セージ	1枚
ローリエ	¼枚
ナツメグパウダー	少々
にんにく(みじん切り)	小さじ1
たまねぎ	1¼個
人参	½本
セロリ	¼本
トマトペースト	100g
フォンドヴォー	150cc
ブイヨン	100cc
赤ワイン	適量
水	125cc
スパゲティ	400g
パルメザンチーズ	適量
パセリ(みじん切り)	適量
ズッキーニ	1本
EXVオイル「バッタ」	適量
リコッタチーズ	適量
黒胡椒	適量
揚げ油	適量

作り方

穴子とフォアグラのミッレフォーリエ
バルサミコソース　クレソンのサラダ添え

1. 穴子は塩をたっぷりふり時間をおいて、包丁で丁寧にぬめりを取り、串を打って胡椒をふり蒸し器で35分ほど蒸す。やわらかくなったら串を抜き、乾かないようにラップし、冷蔵庫でしめる。
2. 小なすは穴をあけ、油で揚げ、氷水に入れ皮をむき、軽く塩をして、重しをして水分を出す。EXVオイル、にんにく、タイム、ローズマリー、生ハムのソテーで香草オイルを作り、なすを入れ、冷蔵庫でしめる。生ハムは仕上げになすの上にかけるので、油を切っておいておく。
3. バルサミコソースを作る。鍋にバルサミコ酢を入れ、沸騰させ½ほど煮詰め、そこにEXVオイルを入れよく混ぜる。濃度を水で調整しながら黒胡椒で味を調える。
4. サルサヴェルデを作る。バジル、パセリを葉の部分だけを使用し、EXVオイル以外の材料とミキサーに入れEXVオイルを少しずつ入れなめらかなペースト状になるように混ぜる。
5. 穴子、フォアグラは小麦粉をつけ、フライパンでソテーし②のなすと皿に順番に並べて（小なす、穴子、なす、フォアグラ、穴子）③、④のソースをかけ、エシャロットのみじん切りとクレソン、フレンチドレッシングを合わせて上にのせ、細かくした生ハムと山椒をふりかける。

フレンチドレッシング

ドレッシングの材料をミキサーに入れよく合わせる。

夏野菜とカリフラワーのビアンコマンジャーレ
三つ葉のソース

1. ビアンコマンジャーレを作る。カリフラワーは鍋に水と牛乳（各分量外）と塩を加え、下茹でをしたら一度取り出す。別の鍋に下茹でをしたカリフラワー、生クリーム、牛乳を入れた後、水分がとばないようにボイルし、やわらかくなったら水でもどしたゼラチンを加え、ミキサーでつぶし、シノワで漉す。氷水にあて冷まし、粗熱が取れたら型に流し入れ、冷蔵庫で冷やし固める。
2. 赤かぶ、ヤングコーン、オクラ、カリフラワー、アスパラガスは塩の入った湯でボイルし一口大にカットし、レモン汁、EXVオイル、フレンチドレッシングで味つけをし、付け合わせにする。
3. 三つ葉のソースを作る。三つ葉を水の中でよく洗い、塩茹でにする。氷水に入れ色落ちを止め、ミキサーに入れる。回しながら、アンチョビペースト、三つ葉をボイルした湯を加えて、味、かたさを調え粗めのざるで漉す。
4. 器に①のビアンコマンジャーレをのせ、まわりに③のソースをかけ、②の付け合わせを盛り、セルフィーユ、生ハムをのせる。
5. 小さくちぎったアンチョビのフィレ、ケッパーを散らす。

ズッキーニとリコッタチーズのスパゲティ
ボローニャ風

1. 牛挽肉、豚挽肉にローズマリー、セージ、ローリエのみじん切り、ナツメグパウダーを入れ、よく混ぜ1日寝かす。
2. 鍋でにんにく、たまねぎ、人参、セロリのみじん切りをあめ色になるまで炒める。
3. 別の鍋で①のミンチを炒めて、脂を切り、②と合わせる。
4. ③の鍋にトマトペーストを入れ、酸味がなくなるまで煮込み、赤ワイン、ブイヨン、フォンドヴォー、水を入れ水分がなくなるぐらいまで煮込む。
5. ズッキーニは1.5cm幅ぐらいに輪切りにし、素揚げしておく。
6. ④の鍋に、⑤のズッキーニを入れ温め、茹で上がったスパゲティを合わせ、パルメザンチーズ、EXVオイルを入れよく混ぜる。器に盛り付け、リコッタチーズをのせ、パセリ、黒胡椒をふりかける。

ワンポイントアドバイス　穴子をソテーするときは、食感がサクッとなるように小麦粉をつけてカリカリに仕上げてください。

――リストランテ　ホンダ
――本多　哲也

フランス産鴨胸肉のカルパッチョ
赤ワインの香り

美麗豚《みらいとん》三枚肉のコンフィ
――粒マスタードソース

駿河湾産シラスとカラスミの冷製カッペリーニ
――ガスパチョ仕立て

鴨のカルパッチョと美麗豚は、
長時間、香辛料で漬け込むことで味に深みが出ています。
カッペリーニは、野菜の旨みが引き出されたガスパチョソースと
一緒にいただく、夏にピッタリなお料理です。

材　料

フランス産鴨胸肉のカルパッチョ
赤ワインの香り

（6人分）

鴨胸肉	150g
粗塩	200g
グラニュー糖	20g
パセリの茎	1本分
黒胡椒（ホール）	5粒
にんにく	1片

マリネ液

赤ワイン	750cc
たまねぎ	1個
人参	½本
セロリ	½本
にんにく	1片
ピュアオリーブオイル	適量
塩	適量
ローリエ	適量

サラダ

ピンクロッサ	½個
エンダイブ	½個
トレビス	⅓個
マーシュ	½パック
デトロイト	½パック
セルフィーユ	½パック
ディル	½パック
ウイキョウ	適量
チコリ	適量
フルール・ド・セル「マルドン」	少々
黒胡椒（ミニョネット）	少々
EXVオイル	適量
フレンチドレッシング	適量
塩	適量
黒胡椒	適量
バルサミコ酢	適量
白ワインビネガー	適量
レモン汁	適量
オレンジ果汁	適量
パセリ（みじん切り）	適量
オレンジ	½個

美麗豚三枚肉のコンフィ
粒マスタードソース

（6人分）

美麗豚バラ肉	350g
タイム	適量
ローズマリー	適量
ジュニーパーベリー	適量
塩	3.5g
黒胡椒	適量
にんにく	1片
ラード	適量
たまねぎ	1個
ピュアオリーブオイル	適量
バター	適量
パルメザンチーズ	適量
トレビス	½個
赤ワインビネガー	15cc
ルッコラ	適量
イタリアンパセリ	適量

ソース

エシャロット	3個
シェリービネガー	250cc
ポルト酒	600cc
フォンドヴォー	700cc
生クリーム	適量
粒マスタード	適量
バター	適量

駿河湾産シラスとカラスミの冷製カッペリーニ
ガスパチョ仕立て

（6人分）

カッペリーニ	140g
生シラス	100g
カラスミパウダー	20g
エシャロット（みじん切り）	小さじ4
あさつき（みじん切り）	小さじ4
EXVオイル「ラヴィダ」	60cc
水	42cc
レモン汁	適量
塩	適量
白胡椒	適量
セルフィーユ	適量
あさつき（小口切り）	適量
鷹の爪	適量
ピュアオリーブオイル	適量

ガスパチョソース

きゅうり	4本
セロリ	2本
たまねぎ	1個
フルーツトマト	5個
人参	¼本
ピーマン（緑）	2個
パプリカ（赤・黄）	各½個
にんにく（みじん切り）	1片
トマトジュース	760cc
白ワインビネガー	60cc
EXVオイル	60cc
バルサミコ酢	5cc
はちみつ	20g
塩	適量
白胡椒	適量
レモン汁	適量

作り方

フランス産鴨胸肉のカルパッチョ　赤ワインの香り

1. 鴨は筋と余分な脂を取り、つぶした黒胡椒、にんにくのスライスを貼りつける。粗塩、グラニュー糖、パセリの茎のみじん切りを合わせ、鴨のまわりを覆うようにし、12時間漬ける。
2. マリネ液を作る。鍋につぶしたにんにく、ピュアオリーブオイルを入れ火にかけ、きつね色にする。そこに乱切りしたたまねぎ、人参、セロリと塩を入れよく炒める。火が通ったら、赤ワイン、ローリエを加え、水分がなくなるまで煮詰める。
3. ①の鴨の表面を水洗いし、水気を拭き取り、冷ました②のマリネ液に24時間漬け込む。漬け込み終えたら、表面を水洗いしキッチンペーパーなどでくるみ、冷蔵庫で24時間乾燥させる。
4. サラダはウイキョウ、チコリ以外の野菜を一口大にカットし、水にさらしよく水気を切っておく。ウイキョウ、チコリは盛り付けるときにスライスし合わせる。
5. オレンジは皮をむいて、くし形にカットする。
6. 乾燥させた鴨を薄くカットし皿に並べ、フルール・ド・セル、ミニョネットをふり、ボールにサラダを入れ、EXVオイル、ドレッシング、塩、黒胡椒、バルサミコ酢、白ワインビネガー、レモン汁、オレンジ果汁で味をつけ、上に盛り、パセリ、オレンジ果実、オレンジの皮のすりおろしを飾る。

駿河湾産シラスとカラスミの冷製カッペリーニ　ガスパチョ仕立て

1. ガスパチョソースを作る。きゅうりは皮と種、セロリ、人参は皮、ピーマンは芯を取り、たまねぎとともに細かいみじん切りにする。きゅうり以外の野菜を茹で、半分の量を、トマトジュース、白ワインビネガー、EXVオイル、バルサミコ酢、はちみつ、塩、白胡椒、レモン汁、にんにくをよく合わせたものに入れミキサーにかけ、⅓の量を裏ごしし一晩寝かす。フルーツトマトはくし形にカットしておく。
2. カッペリーニを茹で（約2分）氷水に取り冷やす。よく水気を切り軽く塩をふる。ボールにカラスミパウダーの½の量、エシャロット、あさつき、EXVオイル、水、レモン汁を入れよく混ぜ乳化させる。そこにシラスを入れ、塩、白胡椒で味を調える。
3. 器に①のガスパチョソースを敷き、②のカッペリーニを盛り、①の残りの野菜、カラスミパウダーの½の量、セルフィーユ、あさつきを飾る。
4. 鷹の爪、ピュアオリーブオイルで辛みオイルを作り、好みで辛みを調整する。

美麗豚三枚肉のコンフィ　粒マスタードソース

1. 豚バラ肉は80～90gの大きさにカットし重量の1%の塩、黒胡椒、ジュニーパーベリー、タイム、ローズマリーで半日マリネする。
2. ①の肉をにんにくを入れたラードで約6時間（80℃）煮込む。
3. たまねぎはへたを取り、塩、バター、ピュアオリーブオイルと一緒にホイルで包み、150～160℃のオーブンで蒸し焼きにし（約1時間）、冷めたらくし形にカットし（⅙の大きさ）、たまねぎの層の間にバター、パルメザンチーズを入れ焼き色をつける。
4. トレビスはフライパンでにんにくオイルでソテーし、赤ワインビネガーをかけ蓋をして蒸し焼きにする。
5. ソースを作る。鍋にみじん切りにしたエシャロット、シェリービネガー、ポルト酒を入れ¼ぐらいの量になるまで煮詰め、フォンドヴォーを入れ、さらに⅓ぐらいの量になるまで煮詰める。生クリーム、粒マスタードを入れ、バターで仕上げる。
6. 皿に⑤のソースを敷き、オーブンで焼いた②をのせ、③、④の付け合わせを添え、ルッコラ、イタリアンパセリのみじん切りをのせ、黒胡椒をふりかける。

ワンポイントアドバイス　鴨肉の上にのせるサラダのウイキョウとチコリは、えぐみが出てしまうので水に浸けないでください。

——アロマフレスカ
原田 慎次

紅茶の香りのスペアリブ

帆立貝とラディッキオのスパゲティ
蒸しアワビとポルチーニ茸の冷たいスープ

アールグレイで煮ることで爽やかな紅茶の匂いが香るスペアリブです。
もう二皿は、アワビとポルチーニ茸の旨みが引き出された
深みのあるスープと帆立貝に独特の苦みが効いたスパゲティと、
秋の味覚を存分に楽しめる料理です。

材料

紅茶の香りのスペアリブ
(4人分)

豚スペアリブ……8本
塩……適量
アールグレイ……適量
にんにく……4片
ローズマリー……3本
赤なす……1個
ラード……適量
水……少々
塩……適量
黒胡椒……適量

帆立貝とラディッキオのスパゲティ
(4人分)

スパゲティ(1.4㎜)……40g
帆立貝柱……2〜3個
塩……適量
ラード……適量
EXVオイル……適量
にんにく……4g
アンチョビフィレ……7g
鷹の爪……ひとかけ
ラディッキオ(トレビス)……ひとつかみ
白ワイン……20cc
シブレット……少々

蒸しアワビとポルチーニ茸の冷たいスープ
(作りやすい分量)

あさりのだし汁(650cc)
あさり……1kg
水……適量
にんにく……1片
タイム……少々

バター……50g
エシャロット……40g
ポルチーニ茸
(乾燥で代用する場合は水でもどす)……250g
アワビ……1個(500g)
塩……適量
大根……少々
わかめ……ひとつかみ
塩水(0.7%)……適量
生クリーム……10cc
シブレット……少々

作り方

紅茶の香りのスペアリブ

1. スペアリブに塩をふり20〜30分おく。
2. ①のスペアリブを鍋に並べ、通常通り抽出したアールグレイをひたひたに入れ沸かす。アクを取りながら、40〜50分弱火で煮る。にんにくを加えて、さらに水分がなくなるまで煮詰める。
3. 水分がなくなってスペアリブの脂が出てきたら、ローズマリーを加え香りをつけ、返しながら表面に焼き色をつける。
4. フライパンにラードをひき、皮を取り6〜7㎝の長さにカットした赤なすの各面に焼き色をつけ、水を加え、やわらかく火が通るまで蒸し焼きにし、軽く塩をふる。
5. 器にスペアリブ、なす、にんにく、ローズマリーを盛り、黒胡椒をふりかける。

蒸しアワビとポルチーニ茸の冷たいスープ

1. あさりのだし汁を作る。鍋にあさり、つぶしたにんにく、タイム、ひたひたの水を入れ沸かす。あさりが開いたらアクを取り、ざるで漉す。
2. ポルチーニペーストを作る。鍋にバター、エシャロットのスライスを入れ、しんなりするまでしっかりと炒める。ポルチーニを加え同じようにしんなりするまで炒め軽く塩をする。①のあさりのだし汁400ccを加え⅓くらいの量になるまで煮詰め、粗熱が取れたらミキサーにかけ、なめらかなペーストにする。
3. 蒸しアワビを作る。アワビの口の部分に塩を盛り、10分ほどおきたわしでしっかり汚れを落とす。深めの容器に身を上にしてアワビを入れ、1㎝弱の厚さの輪切りの大根、わかめをかぶせひたひたまで塩水を入れ、ラップ、アルミホイルでしっかり覆い5時間蒸す。蒸し上がったら冷まし殻からはずし、水気を拭き取り、口の部分を取り除く。肝と身に分け、肝は内臓の部分を除き、皮をむいて2㎜厚さにスライスし5㎜角ぐらいの小さいチップにする。身は縁の部分は3㎜角にカットし、中の部分は横半分にスライスし、さらに2㎜ぐらいのスライスにする。
4. ②のポルチーニペーストに生クリーム、あさりのだし汁250ccを鍋に入れ一煮立ちさせ裏ごしし冷やす。
5. 冷えたポルチーニスープを器に入れ、③のアワビをのせ小さく切ったシブレットをあしらう。

帆立貝とラディッキオのスパゲティ

1. 帆立の下ごしらえをする。貝柱に軽く塩をふり、フライパンにラードを入れ両面に焼き色をつけ、4〜5等分に手で裂いておく。
2. フライパンにEXVオイル12cc、にんにくみじん切り、アンチョビ、鷹の爪を入れ火にかけ、にんにくに軽く色がついてきたら4㎝角に切ったラディッキオを加えざっと合わせる。白ワインを入れ、弱火にし火を通す。
3. 1%の塩を加えた湯で茹でたパスタ、パスタの茹で汁、①の帆立を②に加え、合わせ、EXVオイルを回しかけ器に盛り、シブレットのみじん切りを散らす。

ワンポイントアドバイス　帆立貝に焼き色をつけるときは、フライパンを煙が出るくらい熱し、中まで火が通らないようにしてください。

——アロマフレスカ
原田 慎次

子持ち鮎《あゆ》の黄金揚げ

赤ワイン風味

ブロッコリーのリゾット

——地鶏のクロッカンテ添え

蒸しアワビとポルチーニ茸の冷たいスープ

やわらかく蒸した鮎を油でサクッと揚げた黄金揚げです。もう二皿は、アワビとポルチーニ茸の旨みが引き出された深みのあるスープと、ホワイトバルサミコを使用してまろやかに仕上げたブロッコリーのリゾットです。

材 料

子持ち鮎の黄金揚げ
赤ワイン風味

（4人分）

黄金揚げ

子持ち鮎（なければ鮎で代用）	4尾
塩	適量
燻製用桜チップ	適量
サラダ油	適量
強力粉	適量
溶き卵	適量
ドライパン粉	適量
揚げ油	適量

ソース（作りやすい分量）

ホワイトバルサミコ	300cc
赤ワイン	600cc
エシャロット	50g
フォンドヴォー	150cc
バター	12g

ブロッコリーのリゾット
地鶏のクロッカンテ添え

（4人分）

ソース（作りやすい分量）

バター	30g
鷹の爪	6～8本
エシャロット	30g
ローリエ	4枚
にんにく	20g
ホワイトバルサミコ	240cc
フォンドヴォー	600cc

クロッカンテ

地鶏もも肉	2枚
塩	適量
白胡椒	適量
タイム	8～10本
にんにく	少々
EXVオイル	適量

リゾット

米	120g
EXVオイル	50cc
エシャロット	12g
ブロッコリー	160g
ブイヨン	適量
塩	適量
パルメザンチーズ	適量
タイム	適量

作り方

子持ち鮎の黄金揚げ
赤ワイン風味

1. 黄金揚げを作る。鮎はひれを切り落とし、塩をふりグリルでしっかり焼く。焼いた鮎を網に並べ、桜のチップで15分ほどいぶし香りをつける。燻製をした鮎を容器に入れ、ひたひたのサラダ油を加えラップ、アルミホイルでしっかりと覆い、2時間半ほど蒸し器でコンフィにし冷ます。鮎を容器から取り出し、腹の部分に溜まっている油を軽く絞り出す。網に並べて低温のオーブンに入れ余分な油を落とし、キッチンペーパーに上げて油を切る。鮎に強力粉をまぶし、溶き卵、パン粉をつけ170～180℃の油で4分、黄金色に揚げる。
2. ソースを作る。鍋にホワイトバルサミコを¼の量に煮詰め、赤ワイン、エシャロットのみじん切りを加え軽くとろみがつくまで⅓ぐらいまで煮詰める。そこに、フォンドヴォーを加え軽く煮詰め、シノワでしっかりと漉す。漉したソース25gを鍋に入れ、バターを加え一煮立ちさせる。
3. 器に②のソースを敷き、①の鮎をのせる。

ブロッコリーのリゾット
地鶏のクロッカンテ添え

1. ソースを作る。鍋にバター、鷹の爪、エシャロットのみじん切り、にんにくのみじん切り、ローリエを入れて炒め、香りが出たらホワイトバルサミコを加え軽く煮立たせ酸味をとばし、フォンドヴォーを加える。軽くとろみがつくまで⅓～¼の量まで弱火で煮詰める。煮詰まったらシノワでしっかりと漉す。
2. クロッカンテを作る。1cm角に切った鶏肉に軽く塩、白胡椒をし、多めのEXVオイルを熱したフライパンに入れて炒める。弱火にしてタイムを加えて香りをつけたらタイムを取り出す。鶏肉に色がついてきたら、みじん切りのにんにくを入れ鶏肉の表面がカリカリになったら、キッチンペーパーに上げ余分な脂を取る。
3. リゾットを作る。鍋にEXVオイル、エシャロットのみじん切りを入れて火にかけ、香りが出たら米とブロッコリー（花の部分は1cm角、茎の部分は7～8mm角）を加えて合わせ、ブイヨンを加え沸いてきたら弱火にして仕上げる。
4. ③のリゾットに軽く塩をふり、パルメザンチーズを加え手早く混ぜ合わせ器に盛り、②のクロッカンテをのせ、EXVオイルを回しかけ、タイムの葉を散らす。①のソースをかける。

※「蒸しアワビとポルチーニ茸の冷たいスープ」のレシピは13ページです。

ワンポイントアドバイス　鮎をコンフィにした後、油っぽくならないために、しっかりと腹部分の油を取り出してください。

――アル・ポンテ
――原 宏治

イタリア野菜とカラスミのパスタ

鮮魚切り身の海水煮――地中海の香り
香川県野菜のピンツィモーニオ

色とりどりの野菜をアンチョビで炒めた、風味豊かなカラスミパスタです。

付け合わせは、香川野菜をふんだんに使ったピンツィモーニオと、トマトの酸味がきいたオイルがアクセントの鯛の水煮です。

材　料

イタリア野菜とカラスミのパスタ

（4人分）

リングイネ	180g
パプリカ（赤・黄）	各1個
ズッキーニ	1本
ミニトマト	8個
人参	½本
アンチョビフィレ	10g
小エビ	100g
パセリ	適量
ミント	適量
カラスミパウダー	5g
塩	適量
ピュアオリーブオイル	50cc
にんにく	½片
鷹の爪	少々

鮮魚切り身の海水煮

地中海の香り

（4人分）

鯛の切り身	60g×4枚
EXVオイル	50cc
にんにく	½個
ミニトマト	120g
ケッパー	10g
オリーブ	2個
塩	適量
ローリエ	1枚
イタリアンパセリ	適量

香川県野菜のピンツィモーニオ

（4人分）

香川の季節野菜

菜の花	4本
パプリカ（赤・黄）	各½個
金時人参	4本
かぶ	½個
柿	½個
EXVオイル	40cc
赤ワインビネガー	15cc
塩	適量
白胡椒	適量
小豆島産オリーブの実	4個

作り方

イタリア野菜とカラスミのパスタ

1. パプリカ、ズッキーニは1.5㎝角に、ミニトマトは½～¼ぐらいに、人参は粗めのみじん切りにし、小エビは背ワタを取り2㎝ぐらいにカットしておく。
2. フライパンににんにくのみじん切り、ピュアオリーブオイル、鷹の爪を入れ火にかけ、①の野菜を入れてしんなりするまでゆっくりと炒める。火が通ったら野菜をフライパンの端に寄せ、アンチョビを加え溶けるまで火を入れる。
3. 別の鍋でリングイネを茹でながら、②のフライパンに小エビを加え、野菜となじませ、リングイネの茹で汁を少量入れる。
4. ③のリングイネをアルデンテ手前でフライパンに入れ、少し煮込むように火を入れアルデンテに仕上げる。塩で味を調え、ミントのみじん切りとカラスミパウダーを加え皿に盛り、仕上げにパセリのみじん切りとカラスミパウダーをかける。

鮮魚切り身の海水煮

地中海の香り

1. 鯛の茹で湯（水2ℓ、塩20g、ローリエ1枚）をぐらぐらさせずに沸かしておく。
2. 浅い鍋につぶしたにんにく、EXVオイルを入れ火にかけ、香りが立ってきたら（にんにくは色づけない）、半分にカットしたミニトマトとケッパー（できれば塩漬けで塩を抜いたもの）、オリーブのみじん切りを入れ、軽く温め火を止める。
3. 鯛を①でぐらぐら沸かさないようにゆっくりと火を入れる。
4. ③の鯛を②の鍋に入れ、オイルをなじませながら仕上げる。
5. 皿に④の鯛をのせ、上から残ったオイル、トマト、ケッパー、オリーブをかけ、イタリアンパセリをあしらって仕上げる。

香川県野菜のピンツィモーニオ

1. 菜の花、金時人参、パプリカはカットし、歯ごたえを残して塩茹でにする。
2. かぶ、柿はくし形にカットしておく。
3. 小さい器にEXVオイルと赤ワインビネガーを入れ、塩、胡椒で味を調え、楊枝を刺したオリーブの実を入れ①、②の野菜と皿に盛り付ける。

ワンポイントアドバイス　鯛を茹でるときは、強火だと身が崩れ、かたくなってしまうので、湯が沸かないように気をつけてください。

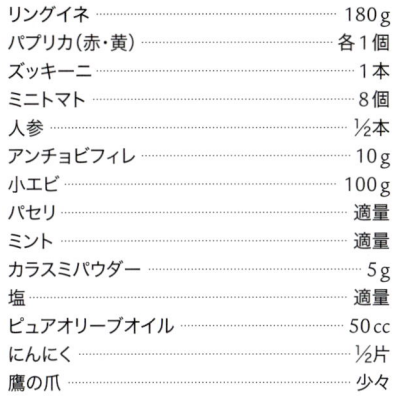

――アル・ポンテ
原 宏治

カボチャのニョッキ
チーズクリームソース

讃《さぬ》岐《き》夢《ゆめ》豚《ぶた》のポルペットー――レモンの葉の包み焼き

香川県野菜のピンツィモーニオ

かぼちゃとじゃがいもで作ったモチモチのニョッキに濃厚なチーズソースをかけました。

付け合わせは、香川野菜をふんだんに使ったピンツィモーニオとレモンの葉で包んだ食感のある豚のポルペットです。

材　料

カボチャのニョッキ
チーズクリームソース
（4人分）

かぼちゃ	80g、50g
じゃがいも（男爵）	80g
強力粉	40g
塩	少々
卵黄	¼個分
ナツメグパウダー	少々
バター	30g
セージ	1枚
グラニュー糖	少々
生クリーム	150cc
パルメザンチーズ	10g
アマレットビスケット	少々

讃岐夢豚のポルペット
レモンの葉の包み焼き
（4人分）

讃岐夢豚ロース肉	240g
塩	1.7g
黒胡椒	適量
レモン	1個
パセリ	少々
パン粉	20g
牛乳	20cc
水	20cc
フォンドヴォー	大さじ1
レモンオイル	小さじ1
レモンの葉	8枚
ベーコン（薄切り）	4枚
たまねぎ	½個
EXVオイル	大さじ1
レモン汁	適量

作り方

カボチャのニョッキ
チーズクリームソース

1. かぼちゃはアルミホイルを巻いて170℃のオーブンで火を入れ、じゃがいもは皮つきで茹で、ともに正味80gになるようにし、別々に裏ごしをする。
2. ①に卵黄、強力粉、ナツメグを加え、練り込まないようにサックリと合わせる。
3. ②を打ち粉をしながら人差し指ぐらいの太さの筒状に伸ばし、2㎝の長さに切る。キッチンペーパーなどを敷いた上に間をあけて並べて冷凍しておく。
4. ソースを作る。かぼちゃ50gを2㎝角に切って、フライパンにバター、セージ、グラニュー糖を入れソテーし、ニョッキの茹で汁を加え火を通し、生クリームを入れる。
5. 茹で上がったニョッキを④に入れ、少量のパルメザンチーズで和え器に盛り、残りのパルメザンチーズとアマレットビスケットをかける。

讃岐夢豚のポルペット
レモンの葉の包み焼き

1. ロース肉を粗めのミンチにし、塩、黒胡椒を加え練り、味をなじませるために休ませる。それに、少量のレモンの皮のみじん切りとパセリのみじん切りを加え風味をつける。さらに、牛乳と水に浸したパン粉を混ぜ合わせる。
2. ①を80gずつ丸めてレモンの葉をのせ、ベーコンの薄切りを巻き、網焼きにし、レモンのスライスを敷いた天板にのせ170℃のオーブンで火を通します。
3. 付け合わせのたまねぎは輪切りにして天板に並べ、EXVオイルをかけ、軽く塩（分量外）、胡椒をしてオーブンで焼き上げます。
4. 皿に焼き上がった肉とたまねぎをのせ、肉から出た汁とフォンドヴォーを合わせ、仕上げにレモン汁とレモンオイルをかける。

※「香川県野菜のピンツィモーニオ」のレシピは17ページです。

ワンポイントアドバイス　ポルペットは食感を残すため、粗めのミンチにしてください。

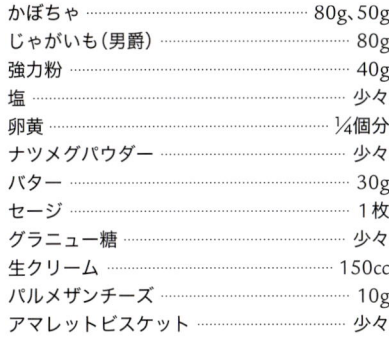

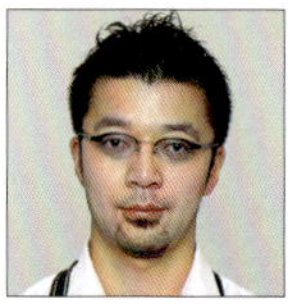

――ダ・サスィーノ
――笹森 通彰

アップルヴィネガーでマリネしたシャモロックと白カブのグリル

ゴボウと春菊、たらのスパゲッティーニ
陸奥湾帆立のマリネと雪人参のピューレ

シャモロックは、アップルビネガーのまろやかな酸味を利かせた一品です。もう二皿は、ごぼうの歯ごたえと春菊の苦み、たらの旨みが凝縮したスパゲティと、生クリームで濃厚に仕上げた帆立のマリネです。

材　料

アップルヴィネガーでマリネしたシャモロックと白カブのグリル（4人分）

シャモロック（もも肉）	2枚
アップルビネガー	80cc
たまねぎ	¼個
にんにく	2片
ローズマリー	8本
白かぶ	1個
長芋	⅕本
人参	½本
塩・黒胡椒	各適量
EXVオイル	適量

ゴボウと春菊、たらのスパゲッティーニ（4人分）

たらの切り身	240g
春菊	32枚
ごぼう	120g
にんにく（みじん切り）	4片分
鷹の爪	適量
アンチョビフィレ	4枚
白ワイン	180cc
セミドライトマト	80g
アーモンド	100g
ローズマリー	2本
EXVオイル	適量
塩・黒胡椒	各適量
スパゲッティーニ	200g

陸奥湾帆立のマリネと雪人参のピューレ（4人分）

刺身用帆立貝柱	4個
雪人参	100g
EXVオイル	適量
レモン汁	適量
ディル	適量
シブレット	適量
タイム	適量
ピンクペッパー	適量
生クリーム	60cc
塩	適量

作り方

アップルヴィネガーでマリネしたシャモロックと白カブのグリル

1. シャモロックにフォークなどで穴をあけて味をなじませやすくし、スライスしたたまねぎ（繊維に逆らう）、にんにく、ローズマリーを両面につけ、平らな容器に入れアップルビネガーを注ぎ、ラップで空気が入らないように密着させ、1日マリネする。
2. マリネしたシャモロックを取り出し、塩、黒胡椒をし、白かぶ、長芋とともに一口大にカットしグリルする。
3. 人参は食べやすい大きさにカットし塩茹でにして、②のグリルしたものと器に盛り付け、EXVオイルをかける。

ゴボウと春菊、たらのスパゲッティーニ

1. アーモンドパウダーを作る。フードプロセッサーに皮を取ったアーモンド、刻んだローズマリー、ごく少量のにんにく、塩を入れ粒胡椒大の大きさになるようにする。
2. さいころ状にカットしたたらを熱したフライパンで塩をしながら軽くソテーし、フライパンから取り出す。
3. ②のフライパンににんにく、鷹の爪、刻んだアンチョビを余熱で火を通す（にんにくは色づけない）。刻んだセミドライトマトを入れたら強火にし、白ワインを加え煮詰まったら適量の湯を入れ煮込み、パスタのソースにする。
4. ごぼうは細く切り、スパゲッティーニと一緒に茹で、茹で上がったら③のフライパンに春菊を入れ、EXVオイルを加えサッと和える。仕上げに①を散らす。

陸奥湾帆立のマリネと雪人参のピューレ

1. 人参は皮をむき、薄くスライスしEXVオイルでゆっくりとソテーしていく。火が通りしんなりとしたらタイム、生クリームを加えさらにゆっくりと加熱する。
2. ①の人参が崩れるくらいやわらかくなったら、塩を加えミキサーでピューレ状にし冷ます。
3. 帆立貝柱をさいころ状にカットし、レモン汁、塩、EXVオイルで和え、②の冷めたピューレを皿に敷き、帆立貝柱、刻んだディル、シブレットとピンクペッパーを散らす。

ワンポイントアドバイス　シャモロックをグリルするときは、焦げ目をつけながら香ばしく仕上げてください。

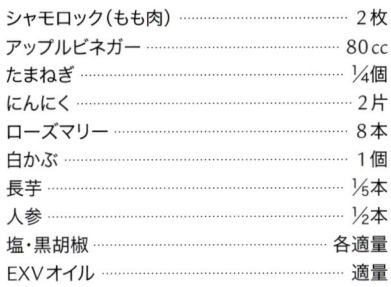

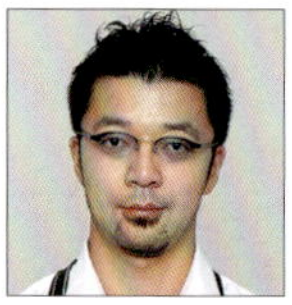

――ダ・サスィーノ

――笹森 通彰

たらとたらの白子のソテー

キクイモのピューレ

ヴァベッティーニ

――ガーリックポークとゴボウのラグーソース

陸奥湾帆立のマリネと雪人参のピューレ

外側をパリパリと仕上げたたらと白子のソテーに、食感の残るキクイモのピューレを敷きました。食感の残るごぼうと豚肉を煮詰め、トマトソースで和えたリングイネと、生クリームで濃厚に仕上げた帆立のマリネです。

材料

ヴァベッティーニ
ガーリックポークとゴボウのラグーソース

(4人分)

たまねぎ	½個
人参	½本
セロリ	½本
豚肉(ガーリックポーク)	200g
塩	適量
にんにく	2片
白ワイン	40cc
鷹の爪	適量
アップルビネガー	25cc
トマトソース	80g
ローリエ	1枚
ローズマリー	½本
セージ	2枚
塩・黒胡椒	各適量
ごぼう	1本
イタリアンパセリ	適量
リングイネ	200g
EXVオイル	適量
パルメザンチーズ	適量

たらとたらの白子のソテー
キクイモのピューレ

(4人分)

たらの切り身	200g
たらの白子	80g
キクイモ	300g
ドライトマト	50g
黒オリーブの実	50g
イタリアンパセリ	適量
ケッパー	15g
レモン汁	10cc
EXVオイル	55cc
塩・黒胡椒	各適量
強力粉	適量
ルッコラ	適量
生クリーム	90cc
揚げ油	適量

作り方

ヴァベッティーニ
ガーリックポークとゴボウのラグーソース

1. たまねぎ、人参、セロリをみじん切りにし、ゆっくりと甘みが出るまでソテーする。
2. 豚肉をさいころ状(粗ミンチ)にカットし、軽く塩をしながらきつね色になるまでソテーする。
3. ①と②を鍋に合わせ、みじん切りにしたにんにくを入れ、にんにくの香りを出しながらゆっくりと火にかける。香りが出たら鷹の爪を入れ、強火にし白ワインを加えアルコールをとばし、さらにアップルビネガーを加え酸味をとばす。
4. ③が煮詰まったらトマトソース、湯(150cc)、ローリエを加えゆっくりと30～60分ほど煮込み、仕上がる5分前に刻んだローズマリーとセージを入れ、塩、黒胡椒で味を調える。
5. ごぼうは細く切りリングイネと一緒に茹で、茹で上がったら、④のソースとイタリアンパセリ、EXVオイルを合わせ器に盛りパルメザンチーズをかける。

たらとたらの白子のソテー
キクイモのピューレ

1. キクイモは⅓の量をスライスし160℃の油で素揚げにし、塩をしてチップにしておく。残りのキクイモは皮のままスライスして、ゆっくりとソテーし、しんなりしたら生クリームを加えさらにやわらかくなるまで火にかける。十分やわらかくなったら、塩で味を調え、ミキサーで粗めにピューレにする。
2. 刻んだドライトマト、黒オリーブ、イタリアンパセリ、ケッパーをレモン汁、EXVオイルで和えてソースにする。
3. たらの白子を一口大にカットし塩茹でし、冷水で冷まし、しっかりと水気を切っておく。
4. 皮を取って一口大にカットしたたらの切り身と③の白子をボールに入れ、塩、黒胡椒、強力粉をまぶし、軽く混ぜる。熱したフライパンの型の中に入れ、ゆっくり両面をソテーする。
5. 皿に①のキクイモのピューレを敷き、④のソテーをのせ、②のソースをかけ、キクイモチップ、ルッコラを飾る。

※「陸奥湾帆立のマリネと雪人参のピューレ」のレシピは21ページです。

ワンポイントアドバイス　ヴァベッティーニは、トマトソースの前にアップルビネガーを加えることで酸味がまろやかになります。

——ラ・ロゼッタ

——藤井 実

美麗豚のグリル

香草風味

有機野菜のサラダ

じゃがいものニョッキ

——ゴルゴンゾーラチーズソース

香草オイルに3日ほど漬け込み、味をしみ込ませた豚のグリルです。もう二品は、ニョッキと、有機野菜のサラダです。ニョッキ以外に、26ページの「車エビのトマトクリームスパゲティ」と「サザエとそら豆のリゾット」と合わせてもおいしいです。

材 料

美麗豚のグリル
香草風味

（4人分）

香草オイル（作りやすい分量）

ローズマリー …… 1パック
タイム …… 1パック
EXVオイル …… 300cc

美麗豚肩ロース肉 …… 520g
塩 …… 少々
香草オイル …… 適量
サラダ油 …… 少々
フルール・ド・セル …… 少々

じゃがいものニョッキ
ゴルゴンゾーラチーズソース

（4人分）

じゃがいものニョッキ

じゃがいも（裏ごしする） …… 500g
卵黄 …… 2個分
塩 …… 少々
強力粉 …… 170g
ナツメグパウダー …… 少々
サラダ油 …… 少々

ゴルゴンゾーラチーズソース

生クリーム（乳脂肪分45%） …… 280cc
パルメザンチーズ …… 32g
ゴルゴンゾーラチーズ …… 80g
黒胡椒 …… 少々

有機野菜のサラダ

（4人分）

ドレッシング

EXVオイル …… 100cc
赤ワインビネガー …… 40cc
塩 …… 少々

好みの野菜 …… 各適量

作り方

美麗豚のグリル
香草風味

1. 香草オイルを作る。ディスペンサーにローズマリーとタイムを入れ、EXVオイルを注ぎ、常温で3日ほど浸けておく。
2. 豚肩ロース肉の両面に塩をふり、①の香草オイルをかけて10分ほどマリネする。
3. フライパンを強火にかけてサラダ油を熱し、②の豚肉を焼く。焼き目がついたら裏返して蓋をし、180℃のオーブンに入れ、5分ほど火が通るまで焼く。
4. 器に盛り付け、フルール・ド・セルをふる。

じゃがいものニョッキ
ゴルゴンゾーラチーズソース

1. じゃがいものニョッキを作る。じゃがいもはよく洗い、弱火の蒸し器で30分ほど蒸し、熱いうちに芽と皮を取り除いて、粘りが出ないように押しつぶすように裏ごしする。バットに広げて水分がとびすぎないよう、ラップをかけて冷ます。
2. ①のじゃがいもが冷めたら、卵黄、塩、強力粉、ナツメグパウダーを加えて、スケッパーで切るように混ぜる。全体がひとまとまりになったら、2.5cmくらいの太さの棒状にのばし、3cmくらいの長さに切り分ける。
3. 沸騰した湯に入れ、浮いてきたら氷水に取り、水気を切ってサラダ油で和えておく。
4. ゴルゴンゾーラチーズソースを作る。フライパンに生クリーム、パルメザンチーズ、ゴルゴンゾーラチーズを入れ中火にかけて沸騰させ、ニョッキに絡みやすい濃度がつくまで焦がさないよう煮詰める。
5. 沸騰した湯に③のニョッキを入れ、浮いてきたら水気を切って④に加え、ソースを絡める。
6. 器に盛り、粗く挽いた黒胡椒をふる。

有機野菜のサラダ

1. ドレッシングを作る。ディスペンサーにEXVオイルと赤ワインビネガーを入れて、よく振り合わせる。
2. 野菜はそれぞれ一口大に切り分け、葉物と根菜類に分けて、それぞれ軽く塩をふっておく。葉物を①のドレッシングで和えて器に盛り、根菜類を彩りよく盛り付ける。

ワンポイントアドバイス ニョッキの裏ごしは、ベタベタしていたら、少し粉を足してください。じゃがいもと粉の割合が、3：1になるのが目安です。

車エビのトマトクリームスパゲティ

サザエとそら豆のリゾット

※「キッチンステージ」では、P24の「じゃがいものニョッキ」以外に、上記2点も選びました。

材　料

車エビのトマトクリームスパゲティ

（4人分）

- スパゲッティーニ「ディ・チェコ No.11」……280g
- 車エビ……12尾
- 塩……少々
- イタリアンパセリ……少々
- サラダ油……少々
- ブランデー……少々
- トマトソース……400g
- 昆布だし……280cc
- 生クリーム（乳脂肪分45％）……80cc
- バジル……12枚

トマトソース（作りやすい分量）

- ピュアオリーブオイル……適量
- にんにく……18g
- たまねぎ……100g
- ホールトマト缶詰……900g
- 水……180cc
- フルール・ド・セル……5g

昆布だし（作りやすい分量）

- 水……1000cc
- 昆布……20g

サザエとそら豆のリゾット

（4人分）

- イタリア米……280g
- ピュアオリーブオイル……120g
- そら豆……120g
- 昆布だし……840cc
- サザエ……120g
- 香草バター……100g
- 塩……適量

香草バター（作りやすい分量）

- 無塩バター……225g
- イタリアンパセリ……30g
- にんにく……10g
- エシャロット……60g
- アンチョビフィレ……50g
- アーモンドスライス……65g
- レモン汁……小さじ1
- 白ワイン……小さじ1

作り方

車エビのトマトクリームスパゲティ

1. 車エビは口と尾の先の部分を切り落とし、殻ごと背開きにする。開いた身の部分に塩とみじん切りのイタリアンパセリをふる。
2. フライパンを強火にかけてサラダ油をひき、①の車エビを開いた身の部分を下にして、平らになるように押さえながら、焼き色をつける。裏返してブランデーをふって蓋をし、車エビ全体が赤く色づくまで20～30秒ほど蒸し焼きにして、いったん皿に上げておく。
3. ②のフライパンにトマトソースを入れて火にかけ、水分がなくなるまで軽く煮詰める。昆布だしを加え、さらに同じ程度水分がなくなるまで煮詰め、生クリームを加える。
4. 多めに塩を加えたお湯で、スパゲッティーニを表示時間通り茹でる。よく水気を切って③に加え、ソースが全体になじむように絡め、ちぎったバジルを加えて全体をさっと合わせる。
5. 器に④のパスタを盛り付け、②の車エビをのせる。

サザエとそら豆のリゾット

1. そら豆はさやからはずし、沸騰した湯でややかために茹で上げ、皮をむいておく。
2. サザエは殻からはずし、蓋とはかまを取り除き、身を7～8mm幅に切り分ける。肝の先端の部分を包丁でたたき、切り分けた身と絡めておく。
3. フライパンを強火にかけてピュアオリーブオイルをひき、米を加えて炒める。米の全体にオリーブオイルが回ったら昆布だしを加え、沸騰したら蓋をし、180℃のオーブンに入れ、15分ほど火を通す。再び火にかけ、①のそら豆を加え、昆布だし（分量外）を加えて煮詰めながら、米がちょうどいいかたさになるまで火を通し、塩で味を調える。
4. 別のフライパンを中火にかけ、香草バターと②のサザエを加え、サザエに火が通り、汁に軽く濃度がつくまで炒め、塩で味を調える。
5. 器に③のリゾットを盛り、中心にくぼみを作って④のサザエをのせる。

トマトソース

鍋を中火にかけてピュアオリーブオイルを熱し、みじん切りのにんにくとたまねぎを加えて炒め、香りを出す。粗めに漉したホールトマト缶詰を加えて強火にかけ、沸騰してから10分ほど、水っぽさがなくなるまで煮詰める。フルール・ド・セルを加えて味を調える。

昆布だし

昆布を水に浸け、冷蔵庫に一晩おく。

香草バター

1. 無塩バターを常温に戻してなめらかになるまでホイップする。
2. ①のバターに、イタリアンパセリ、にんにく、エシャロット、アンチョビフィレ、軽くからいりして香ばしさを出したアーモンドスライス、レモン汁、白ワインを加えて、全体が均一になるまでフードプロセッサーにかける。
3. ラップに包んで棒状に成形し、冷蔵庫で冷やし固める。

ワンポイントアドバイス　サザエは、肝の先端部分のえぐみがコクになります。

——イル　ギオットーネ
笹島 保弘

美麗豚ロースのロースト①

たっぷりの採れたて野菜とともに　アンチョビソース

かつおと温泉卵のサラダ仕立て

焼きアナゴときゅうりのスパゲッティーニ
——香味干し風味

香ばしく仕上げた美麗豚ローストは、
アンチョビソースを合わせました。
もう二皿は、卵とトマトピューレを合わせたかつおと、
あさりだしを使った風味豊かなスパゲッティーニです。

材 料

美麗豚ロースのロースト
たっぷりの採れたて野菜とともに　アンチョビソース

（4人分）

美麗豚ロースのロースト
- 美麗豚ロース肉ブロック …… 520g
- 塩 …… 5.2g（肉の1%）
- オリーブオイル …… 適量
- 白胡椒 …… 適量
- マルドンクリスタルソルト …… 適量

採れたて野菜
- グリーンアスパラガス …… 4本
- エリンギ …… 1本
- ズッキーニ …… ½本
- パプリカ（赤・黄） …… 各½個
- 筍 …… ¼個
- オリーブオイル …… 適量
- 塩 …… 少々

アンチョビソース
- アンチョビフィレ …… 40g
- にんにくオイル …… 30g
- ケッパー …… 20g
- レモン汁 …… ¼個分
- ローズマリー …… 少々

焼きアナゴときゅうりのスパゲッティーニ
香味干し風味　（4人分）

あさりだし（作りやすい分量）
- 昆布 …… 30g
- あさり …… 1kg
- 水 …… あさりがかぶる程度の量

焼き穴子
- 穴子 …… 開いたもの2枚
- 塩 …… 少々
- あさりだし …… 適量
- オリーブオイル …… 少々

- きゅうり …… 120g
- 焼き穴子 …… 160g
- スパゲッティーニ「ディ・チェコNo.11」 …… 160g
- あさりだし …… 160cc
- にんにくオイル …… 20cc
- 鷹の爪 …… 1本
- 香味干し …… 適量

作り方

美麗豚ロースのロースト
たっぷりの採れたて野菜とともに　アンチョビソース

1. 美麗豚ロースのローストを作る。美麗豚ロースは脂身に7～8㎜間隔の格子状の切り込みを入れる。熱したフライパンに脂身を下にして入れ、脂を落とすように強火で焼き、香ばしい焼き色をつける。
2. ①の美麗豚ロースを2.5㎝幅にスライスして両面に塩をふり、オリーブオイルをかけて塩を肉に押し込むように、軽く押さえてなじませる。網にのせて140～150℃のオーブンに入れ、15分間火を通す。裏返して、さらに15分間焼く。
3. ②の美麗豚の表面を、直火であぶって軽く焼き目をつけ、両端の余分な脂身を切り落として4等分に切り分け、粗くつぶした白胡椒とマルドンクリスタルソルトをふる。
4. 付け合わせの採れたて野菜を作る。グリーンアスパラは、はかまを取って4㎝長さにカット、エリンギは縦に4等分にカット、ズッキーニは食べやすい大きさにカット、パプリカは種を除いてカット、筍は縦に7～8㎜厚さにスライスする。
5. 強火のフライパンにオリーブオイルをひき、④の野菜を入れ、表面に焼き色をつけ、軽く塩をふる。
6. アンチョビソースを作る。アンチョビフィレは油を切ってジッパー付きの耐熱性密閉袋に入れ、沸騰した湯で1時間火を通し、どろどろのペースト状にする。
7. フライパンににんにくオイル、⑥のアンチョビ、ケッパーを入れて火にかけ、軽く温まったらローズマリーを加えて香りを出しながら火を通す。レモン汁を加えてよく混ぜ、軽くとろみがついたら火から下ろす。
8. 器に⑤の野菜を彩りよく盛り付けて⑦のソースをかけ、③の肉をのせる。

焼きアナゴときゅうりのスパゲッティーニ　香味干し風味

1. あさりだしを作る。鍋に水、昆布、砂抜きしたあさりを加えて火にかけ、あさりが口を開いたらざるで漉す。
2. 焼き穴子を作る。穴子は皮面に熱湯をかけてぬめりを拭き取り、塩をふる。バットで押さえながら蒸し器で10分間蒸す（バーナーがあれば、焼き目をつけるとさらに香ばしく仕上がる）。容器に穴子を入れ、あさりだしとオリーブオイルを絡めておく。
3. フライパンに①のあさりだし、にんにくオイル、4つに輪切りにした鷹の爪を入れて火にかけ、半分くらいになるまで煮詰める。表示時間通りに茹で上げたスパゲッティーニを、よく水気を切って加え、強火で一気に合わせて、スパゲッティーニにだしを含ませる。水分がなくなったら1㎝幅に切った②の焼き穴子と、4㎝長さの千切りにしたきゅうりを加えて、全体をざっと混ぜ合わせる。
4. 器に③を盛り付け、香味干しをのせる。

※「かつおと温泉卵のサラダ仕立て」のレシピは31ページです。

ワンポイントアドバイス 豚のローストは、余計な脂をしっかりと取り除きながら低温のオーブンで焼き目をつけずにじっくりと焼いてください。

——イル　ギオットーネ
——笹島　保弘

美麗豚ロースのロースト ②

たっぷりの採れたて野菜とともに　アンチョビソース

かつおと温泉卵のサラダ仕立て

鶏ミンチととうもろこしのリゾット
——生姜風味

香ばしく仕上げた美麗豚ローストは、アンチョビソースを合わせました。もう二皿は、卵とトマトピューレを合わせたかつおと、チキンブイヨンで香りと旨みが引き出されたリゾットです。

材 料

かつおと温泉卵のサラダ仕立て
（4人分）

フルーツトマト	40g
刺身用かつお	120g
塩	少々
レモン汁	少々
EXVオイル	適量
卵	4個
水菜	適量
ベビーリーフ	適量
トレビス	適量
塩	適量
シードルビネガー	2（割合）
白ワインビネガー	1（割合）
EXVオイル	9（割合）
からすみ	少々
木の芽	20枚

鶏ミンチととうもろこしのリゾット
生姜風味
（4人分）

リゾット米（作りやすい分量）

米	600cc
オリーブオイル	15cc
昆布だし	550cc
塩	5g

オリーブオイル	適量
鶏挽肉	160g
塩	1.5g
チキンブイヨン	200cc
リゾット米	240g
とうもろこし	1本
生クリーム	20cc
パルメザンチーズ	32g
EXVオイル	80cc
生姜	少々

昆布だし（作りやすい分量）

水	1ℓ
昆布	30g

作り方

かつおと温泉卵のサラダ仕立て

1. トマトは湯むきしてざく切りにし、種ごとミキサーにかけて ピューレ状にし、トマトソースを作る。
2. 刺身用かつおは血合いの部分を取り除き、1.5cmの厚さに切り分ける。表面に塩少々をふり、レモン汁を数滴たらしてのばしなじませる。EXVオイルをかけておく。
3. 卵は68℃の湯で23分茹で、温泉卵にする。殻から出して、黄身の表面を薄く覆っている部分を残して、余分な白身を取り除く。
4. 3cm長さに切った水菜、一口大にちぎったトレビス、ベビーリーフをボールに合わせ、塩、シードルビネガー、白ワインビネガー、EXVオイルをかけて和える。
5. 器の中央に③の温泉卵を置き、塩をふる。卵を囲むように②のかつおをのせる。④のサラダをのせて、おろしたからすみをふりかけ、木の芽を散らす。別の器に①のトマトソースを入れて添える。

鶏ミンチととうもろこしのリゾット
生姜風味

1. リゾット米を作る。フライパンにオリーブオイルを熱し、米を炒める。米が透明になったら、沸かして塩を加えた昆布だしを加え、沸騰したら蓋をし、180℃のオーブンに入れて10分間炊く。蒸らさずにすぐにバットに広げ、ラップをかけずに冷ます。
2. 鶏挽肉に塩をふり、30分ほどマリネする。フライパンにオリーブオイルを熱し、鶏挽肉を入れ、ほぐさずに表面にカリッとした焼き目をつけて両面を焼く。チキンブイヨンを加えて鶏肉を軽くほぐし、①のリゾット米、芯からはずしたとうもろこしを加えて沸騰させ、水分を少し残して煮詰める。
3. ②に生クリームを加えて火を止め、パルメザンチーズ、EXVオイル、生姜の絞り汁を加えて手早く混ぜ合わせ、器に盛る。

昆布だし

鍋に水と昆布を入れて30分ほどおいてから中火にかけ、沸騰する直前に昆布を取り出し、火を止める。

※「美麗豚ロースのロースト」のレシピは29ページです。

ワンポイントアドバイス リゾットで使うとうもろこしの芯は、あらかじめチキンブイヨンで煮出しておくと、香りと旨みがより一層引き立ちます。

――オステリア・トット
――根本 岳

太刀魚《たちうお》のベッカフィーコ

トマトのスパゲッティ
――水牛のモッツァレラチーズ添え
ホワイトアスパラとパンチェッタのオーブン焼

ローストしたアーモンドや松の実をのせた太刀魚のパン粉焼きです。
もう二皿は、水牛のモッツァレラチーズとバジルを
トマトソースで和えたスパゲティと、
パンチェッタをのせたホワイトアスパラガスのオーブン焼きです。

材 料

太刀魚のベッカフィーコ

(4人分)

太刀魚	½尾
塩	少々

詰め物

アーモンド	25g
松の実	25g
パン粉	80g
レーズン	20g
塩蔵ケッパー	25g
黒オリーブ	25g
アンチョビフィレ	2本
レモンの皮	½個分
レモン汁	大さじ½
塩	少々
黒胡椒	少々
砂糖	大さじ½
イタリアンパセリ	少々

パン粉	適量
EXV オイル	適量
オレンジ	½個

トマトのスパゲッティ
水牛のモッツァレラチーズ添え

(作りやすい分量)

トマトソース

ホールトマト缶詰	250g
にんにく	½片
オリーブオイル	適量
塩	適量

スパゲティ	200g
水牛のモッツァレラチーズ	1個
バジル	少々
EXVオイル	少々
黒胡椒	少々

ホワイトアスパラとパンチェッタのオーブン焼

(4人分)

ホワイトアスパラガス	8本
パンチェッタ	4枚
レモンの皮	適量
黒胡椒	少々
ポアブルローゼ	少々

作り方

太刀魚のベッカフィーコ

1. 太刀魚は三枚におろして中骨を抜き、15㎝幅に切って軽く塩をふっておく。
2. 詰め物を作る。アーモンドと松の実を軽くローストする。ローストしたアーモンドと松の実、その他の材料を合わせてフードプロセッサーにかけて粗みじんにし、よく混ぜる。
3. ①の太刀魚の水気を拭き取り、皮を下にして②の詰め物を塗って皮が表になるようにしてロール状に巻き込み、楊枝で留める。ロールした太刀魚の上下にも詰め物を詰め、表面にパン粉とEXVオイルをかけて180～200℃のオーブンで太刀魚に火が通るまで10～15分焼く。
4. 皿に薄くスライスしたオレンジを敷き、焼き上がった③の太刀魚を盛り付け、EXVオイルをかける。

トマトのスパゲッティ
水牛のモッツァレラチーズ添え

1. トマトソースを作る。鍋にオリーブオイルとにんにくを入れて火にかけ、にんにくが軽く色づくまで炒める。つぶしたホールトマトと塩を加えて1時間煮詰めて漉す。
2. 塩(分量外)をした湯でスパゲティを茹でる。
3. フライパンに①のトマトソースを入れて火にかけ沸騰したら、よく水気を切った②のスパゲティとちぎったバジルの葉を加えて混ぜ合わせる。
4. 器に③を盛り付け、ちぎったバジルの葉、2㎝角に切った水牛のモッツァレラ、黒胡椒をふってEXVオイルをかける。

ホワイトアスパラとパンチェッタのオーブン焼

1. ホワイトアスパラガスは花穂の下からピーラーで皮をむき、根元のかたい部分を切り落とす。多めの湯に塩(分量外)とレモンの皮を入れ、ホワイトアスパラガスを煮崩れない程度にやわらかく茹でる。
2. 水気をよく切った①のアスパラガスを強火のフライパンで軽く炒め、鉄板に並べてパンチェッタをのせ、250℃のオーブンで5分焼く。
3. 器に②を盛り付け、黒胡椒をふりポアブルローゼを飾る。

ワンポイントアドバイス アスパラガスを茹でたときの茹で汁に、余ったアスパラガスを入れておくと、味がしみ込み、日持ちがします。

——オステリア・トット
——根本 岳

トスカーナ風美麗豚のロースト 香草風味
〝アリスタ〟
ローストポテト添え
ジェノバ風バジリコペーストのリングイネ
シチリア風カポナータ

ローズマリーやセージ、タイム、にんにくなどで作ったアリスタをたっぷりしみ込ませた美麗豚のローストです。もう二皿は、バジルから作ったリングイネと、野菜をふんだんに使ったカポナータです。

材　料

トスカーナ風美麗豚のロースト 香草風味〝アリスタ〟ローストポテト添え　（4人分）

アリスタ

美麗豚ロース肉・ブロック	500g
塩	300g
黒胡椒	少々
ローズマリー	½パック
セージ	½パック
タイム	¼パック
にんにく	1.5片
オリーブオイル	適量

ローストポテト

じゃがいも	2個
ローズマリー	1本
セージ	8～10枚
にんにく	1片
オリーブオイル	適量
塩	適量

ジェノバ風バジリコペーストのリングイネ　（4人分）

バジリコペースト

バジル	100g
グラナパダーノ	75g
松の実	40g
にんにく	½片
塩	少々
黒胡椒	少々
EXVオイル	125～150cc

リングイネ	200g
松の実	適量
グラナパダーノ	適量
黒胡椒	少々

シチリア風カポナータ　（4人分）

赤パプリカ	½個
黄パプリカ	½個
ズッキーニ	½本
なす	1個弱
たまねぎ	¼個
グリーンオリーブ	5g
塩蔵ケッパー	少々
ダイストマト缶詰	50g
塩	適量
砂糖	少々
白ワインビネガー	適量
EXVオイル	少々
ベビーリーフ	お好みで
バジル	お好みで
揚げ油	適量

作り方

トスカーナ風美麗豚のロースト 香草風味〝アリスタ〟ローストポテト添え

1. アリスタを作る。塩、黒胡椒、みじん切りにしたローズマリー、セージ、タイム、にんにくをよく混ぜ合わせる。
2. 美麗豚ロース肉をたこ糸で縛り、表面に包丁の先で軽く穴をあける。まわりにまんべんなくかかる程度の①をふってオリーブオイルをかけ、ラップで包んで1日冷蔵庫で寝かせる。
3. 冷蔵庫から出して常温に戻した②のロース肉を、フライパンでじっくり焼いて表面に焼き目をつけ、160℃のオーブンに移して40分ローストする。
4. ローストポテトを作る。じゃがいもはよく洗って芽を取り除き、皮ごと2cm角に切り水にさらす。
5. フライパンに多めのオリーブオイルを入れ、ローズマリー、セージ、皮ごとつぶしたにんにくを入れて弱火にかけ、じっくりと香りを出す。水気をよく切った④のじゃがいもを加え、全体にオリーブオイルをなじませながら軽く塩をふる。じゃがいもの表面が軽く焼けてきたら、180℃のオーブンに移し、こんがりと焼けるまで15分ほどじっくりローストする。
6. 器に常温に冷まして切り分けた③のアリスタを盛り付け、⑤のローストポテトとローズマリーの葉を添える。

ジェノバ風バジリコペーストのリングイネ

1. バジリコペーストを作る。バジルは作る直前に茎からはずして葉のみ使用する。にんにくは皮と芯を除く。バジル、グラナパダーノ、松の実、にんにく、半量のEXVオイルをミキサーにかけてペースト状にすりつぶし、残りのEXVオイルを少量ずつ加えながらさらにミキサーにかけ、塩、黒胡椒で味を調える。
2. 塩（分量外）をした湯でリングイネを茹で、水気をしっかり切り、①のバジリコペーストを加えて絡める。
3. 器に②を盛り付け、おろしたグラナパダーノ、松の実、黒胡椒をふる。

シチリア風カポナータ

1. 赤パプリカ、黄パプリカ、ズッキーニ、たまねぎは1.5cm角に切る。なすはピーラーで半分ほど皮をむき、縦に4等分して乱切りにし、塩（分量外）をふって30分ほどおき、水気をよく絞ってアクを抜く。
2. ①のパプリカ、たまねぎを中火の油（約160～170℃）で火が通るまでじっくり揚げる。ズッキーニ、なすは短めの揚げ時間でさっと揚げる（約180℃）。しっかり油を切って軽く塩をふる。
3. ケッパーは水にさらして塩を抜き、水気をよく絞って粗みじんに刻む。グリーンオリーブは種を抜いて手で細かく割りほぐす。
4. ②の野菜、③のケッパーとグリーンオリーブ、ダイストマト缶詰をすべて混ぜ合わせ、塩、砂糖、白ワインビネガーで味を調え、EXVオイルをかけて和えて、1日ほど冷蔵庫で休ませる。
5. ④を器に盛り、好みでベビーリーフやバジルを添える。

ワンポイントアドバイス　バジリコペーストが、少量でミキサーが回らない場合はすり鉢ですりつぶしてください。

――アル・ケッチァーノ
――奥田 政行

マグロのグリル

フレッシュトマトのソースに炭塩

紅花を打ち込んだビーゴリーニと日本海のベニズワイガニ

――キヨエのオリーブオイル

月山の山菜と海族のイタリア風の胡麻和え

にんにくオイルを塗ったマグロのさくにトマトソースと炭塩を合わせたマグロのグリルです。もう二皿は、ズワイガニのおいしさを楽しめるスパゲティと、魚介類をルッコラペーストで和えた胡麻和えです。

材 料

マグロのグリル
フレッシュトマトのソースに炭塩

（4人分）

刺身用まぐろさく身 …… 160g
長ねぎ（白い部分） …… ½本
バルサミコ酢 …… 適量
炭塩 …… 適量

トマトソース
エシャロット（2mm角） …… 2個分
トマト（湯むきし4mm角） …… 1個分
にんにくオイル …… 20cc
レモン …… 適量
塩 …… 適量

にんにくオイル、チップ（作りやすい分量）
にんにく（スライス） …… 1個分
ピュアオリーブオイル …… 50cc

紅花を打ち込んだビーゴリーニと日本海のベニズワイガニ
キヨエのオリーブオイル

（4人分）

茹でたズワイガニ缶 …… 160g
ミネラルウォーター「月山自然水」 …… 200cc
紅花入りビーゴリーニ …… 240g
EXVオイル「Kiyoe®オリーブオイル」 …… 60cc
シブレット …… 4本
塩 …… 適量

月山の山菜と海族のイタリア風の胡麻和え

（4人分）

ルッコラペースト
にんにく …… 20g
ピュアオリーブオイル …… 適量
松の実 …… 80g
くるみ …… 20g
ルッコラ …… 10本
塩・黒胡椒 …… 各適量

青みず …… 2本
さやいんげん …… 4本
きぬさや …… 8枚
あさり …… 8個
つぶ貝 …… 4個
帆立 …… 4個
セロリ …… ¼本

作り方

マグロのグリル フレッシュトマトのソースに炭塩

1. にんにくオイルを作る。冷たいピュアオリーブオイルに、にんにくスライスを入れ弱火にかける。にんにくがきつね色になり始めたら、ざるに上げオイルとにんにくチップに分ける。
2. トマトソースを作る。ボールにトマトを入れ塩でしっかり味をつける。エシャロットとにんにくオイルを加え、レモンを絞り味を調える。
3. まぐろのさくに塩をしてにんにくオイルを塗ってグリルし、1cmぐらいの厚さにカットする。
4. 器に②のトマトソースを敷き、③のまぐろを盛り、長ねぎの千切りをのせバルサミコ酢をかけ、炭塩をきつめにふりかける。

紅花を打ち込んだビーゴリーニと日本海のベニズワイガニ キヨエのオリーブオイル

1. 鍋で塩を入れたお湯でビーゴリーニを茹で上げる。
2. 温めたミネラルウォーターにズワイガニ、①のビーゴリーニを入れる。
3. ②にEXVオイルを入れて、よく混ぜて皿に盛り付け、⅕の棒切りにしたシブレットを飾る。

月山の山菜と海族のイタリア風の胡麻和え

1. ルッコラペーストを作る。にんにくをみじん切りにし、フライパンでにんにくが白くなるまでピュアオリーブオイルを入れ火にかける。松の実とくるみは170℃のオーブンでから焼きしミキサーに入れておき、にんにくを入れ、ミキサーを回し冷蔵庫で冷やす。
2. ルッコラをスライスして、冷えた①のミキサーに入れ塩、黒胡椒、適量のピュアオリーブオイルを入れて再度回す。最後に塩、黒胡椒で味を調える。
3. あさり、つぶ貝、帆立は軽い塩水で茹で（生で食べられるものは生のままでもよい）、食べやすい大きさにカットしておく。
4. 青みず、いんげん、きぬさやを塩茹でし、食べやすい長さにカットしておく。
5. ④の茹で汁と野菜をルッコラペーストで和える。さらにセロリのスライス、③の貝類を和え、器に盛る。

ワンポイントアドバイス 胡麻和えを他の２皿にかけると、また違った味が楽しめます。

——アル・ケッチァーノ
奥田 政行

庄内豚のサルティンボッカ風と山形そばのピッツォケッリ

高畠バターを焦がして

付け合わせのフルーツトマトとケッパーとたまねぎ
月山の山菜と海族のイタリア風の胡麻和え

豚肉は、煮込みと千切りのキャベツと一緒にいただくことで、食感も楽しめます。

もう二皿は、トマトに合うオリーブオイルを使用した付け合わせと、魚介類をルッコラペーストで和えた胡麻和えです。

材　料

庄内豚のサルティンボッカ風と山形そばのピッツォケッリ
高畠バターを焦がして

（4人分）

豚ロース肉スライス	90g×4枚
生タイム	4枚
生ハムスライス	4枚
塩	適量
薄力粉	適量
ピュアオリーブオイル	適量

キャベツの煮込み

ベーコン	60g
ピュアオリーブオイル	適量
にんにく	2片
ブイヨン	80cc
タイム	適量
キャベツ	$\frac{1}{4}$個
バター	少々
黒胡椒	適量

そば粉のピッツォケッリ	160g
高畠バター	30g
黒胡椒	適量

付け合わせのフルーツトマトとケッパーとたまねぎ

（4人分）

フルーツトマト	2個
ケッパー	24粒
赤たまねぎ	$\frac{2}{3}$個
EXVオイル「ヴィアンコリッラ」	適量
水晶塩	適量
イタリアンパセリ	適量

作り方

庄内豚のサルティンボッカ風と山形そばのピッツォケッリ
高畠バターを焦がして

1. 豚ロースに塩をして生タイムをのせ生ハムスライスで巻く。薄力粉をまぶしてピュアオリーブオイルを入れたフライパンで焼く。
2. キャベツの煮込みを作る。ベーコンを1.5㎝ぐらいの棒状にカットし、フライパンにピュアオリーブオイルを入れ炒める。軽く火が通ったら、にんにくのみじん切りを入れさらに炒め、色づいてきたらブイヨンを入れ、にんにくがそれ以上色づかないようにし、タイムを入れる。
3. キャベツは少量を千切りにして別にとっておき、残りを適当な大きさにカットし、②のフライパンで茹で、黒胡椒、バターで味を調える。
4. そば粉のピッツォケッリを4㎝ぐらいに割って塩の入ったお湯で茹で上げ、$\frac{1}{2}$の高畠バターを入れ、残りの高畠バターをフライパンで焦がしかけ、黒胡椒もペッパーミルでひいてかける。
5. 皿に③のキャベツの煮込みを敷いて、①のサルティンボッカを一口大にカットしてのせ、キャベツの千切りを飾り、④のピッツォケッリを添えます。

付け合わせのフルーツトマトとケッパーとたまねぎ

1. 赤たまねぎはスライスし流水にさらし、水気を切っておく。
2. フルーツトマトをくし形にカットし、水晶塩を振りかける。
3. ②のトマトにEXVオイルを回しかけ、器に盛り、ケッパー、①の赤たまねぎのスライス、千切りしたイタリアンパセリをのせる。

※「月山の山菜と海族のイタリア風の胡麻和え」のレシピは37ページです。

ワンポイントアドバイス　豚ロースを巻く生ハムの塩けが強い場合は、塩を使用せずそのままで大丈夫です。

――カノビアーノ
――植竹 隆政

太刀魚と伏見唐辛子、九条ねぎ、水菜のスパゲッティーニ
カラスミ風味

ウッディコーンのブランマンジェ
鱧《はも》のあぶりとオクラのサラダ
赤ピーマンのマリネと水牛のモッツァレラ
きの子のマリネ――バルサミコ風味
水茄子と帆立のサラダ――パルメザン風味

スパゲティは、さっとあぶった太刀魚、水菜をあさりだしで茹でました。

付け合わせは、帆立のサラダ、赤ピーマンのマリネ、ウッディコーンのブランマンジェ、きのこに九条ねぎを和えたマリネ、鱧とオクラのサラダです。

材　料

太刀魚と伏見唐辛子、九条ねぎ、水菜のスパゲッティーニ　カラスミ風味

（4人分）

- スパゲッティーニ「ディ・チェコNo.11」…… 240g
- あさりだし …… 200cc
- 九条ねぎ …… 60g
- 水菜 …… 60g
- 伏見唐辛子 …… 8本
- 太刀魚フィレ …… 120g
- カラスミパウダー …… 大さじ2
- EXVオイル「サルバーニュ」…… 大さじ4
- 塩 …… 適量

ウッディコーンのブランマンジェ

（4人分）

- ウッディコーン …… 3/4本
- 牛乳 …… 125cc
- 板ゼラチン …… 1g
- EXVオイル「サルバーニュ」… 少々

鱧のあぶりとオクラのサラダ

（4人分）

- 刺身用はも（骨切りしたもの）…… 100g
- オクラ …… 4本
- フルーツトマト …… 2個
- レモンドレッシング …… 大さじ1

レモンドレッシング

- レモン汁 …… 1（割合）
- EXVオイル「サルバーニュ」…… 3（割合）

赤ピーマンのマリネと水牛のモッツァレラ

（4人分）

- 赤パプリカ …… 1個
- たまねぎ …… 1/6個
- ホールトマト缶詰 …… 大さじ5
- 水牛のモッツァレラチーズ …… 80g
- バジル …… 4枚
- EXVオイル「サルバーニュ」…… 大さじ2

作り方

太刀魚と伏見唐辛子、九条ねぎ、水菜のスパゲッティーニ　カラスミ風味

1. 太刀魚のフィレは1.5×3㎝程度の短冊に切って軽く塩をふる。バーナーで皮をあぶり軽く焼き色をつける。
2. フライパンにあさりだしと斜めにスライスした九条ねぎを入れて中火にかけ、沸騰したら①の太刀魚を加える。九条ねぎがしんなりとしたら1.5㎝幅の小口切りにした伏見唐辛子を加え、だしの量が半分くらいになるまで煮詰める。5等分の長さに切った水菜とEXVオイルを加える。
3. 塩を入れた湯で、スパゲッティーニを表示時間通り茹でる。
4. ②のフライパンに③の茹で上げたスパゲッティーニを加え、強火で絡め合わせる。
5. 器に盛り付け、カラスミパウダーをふる。

ウッディコーンのブランマンジェ

1. ウッディコーンは皮をむいて、包丁で芯から実を削り取る。牛乳と一緒に鍋に入れて中火にかけ、30分ほど煮る。
2. ①にあらかじめ水に浸けてふやかしておいた板ゼラチンを加えて溶かす。なめらかになるまでミキサーにかけてから裏ごしし、容器に流して冷蔵庫で冷やし固める。
3. ②のブランマンジェを器にすくって盛り付け、EXVオイルをかける。

鱧のあぶりとオクラのサラダ

1. はもは沸騰したお湯にくぐらせて冷水に取る。よく水気を拭き取り、皮が反り返って焼き目がつくまでバーナーで軽くあぶり、3㎝長さに切り分ける。オクラは板ずりしてヘタのかたい部分を取り除き、塩茹でして冷水に取り縦2等分に切る。フルーツトマトは湯むきして4等分のくし形切りにする。
2. レモンドレッシングを作る。レモン汁とEXVオイルをディスペンサーなどに合わせ入れ、全体が均一になるまでしっかりとふり混ぜる。
3. ①のはも、オクラ、フルーツトマトを②のレモンドレッシングで和え、器に盛り付ける。

赤ピーマンのマリネと水牛のモッツァレラ

1. 赤パプリカは直火で全面が黒く焦げるまで焼いて流水で皮をむく。ヘタと種を取り除いて縦に薄くスライスする。
2. 鍋に大さじ1のEXVオイルを熱し、薄くスライスしたたまねぎを甘みが出るまで炒め、①の赤パプリカと、裏ごししたホールトマト缶詰を加え、弱火で15分ほど煮込み、冷ましておく。
3. 一口大に切り分けた水牛のモッツァレラと②を和え、バジルと大さじ1のEXVオイルを加え合わせて器に盛る。

※「きの子のマリネ」と「水茄子と帆立のサラダ」のレシピは43ページです。

ワンポイントアドバイス　太刀魚はさっとあぶってください。魚の臭みが取れます。

——カノビアーノ
植竹 隆政

賀茂茄子と阿《あ》波《わ》尾《お》鶏《どり》もも肉のトマトソース スパゲッティーニ 大葉風味

ウッディコーンのブランマンジェ
鱧のあぶりとオクラのサラダ
赤ピーマンのマリネと水牛のモッツァレラ
きの子のマリネ——バルサミコ風味
水茄子と帆立のサラダ——パルメザン風味

香ばしく仕上げた鶏もも肉となすのスパゲティです。
付け合わせは、帆立のサラダ、赤ピーマンのマリネ、
ウッディコーンのブランマンジェ、
きのこに九条ねぎを和えたマリネ、鱧とオクラのサラダです。

材　料

賀茂茄子と阿波尾鶏もも肉の トマトソース スパゲッティーニ　大葉風味

（4人分）

トマトソース（作りやすい分量）
- ピュアオリーブオイル …… 適量
- たまねぎ …… ¼個
- ホールトマト缶詰 …… 400g

スパゲッティーニ
- 「ディ・チェコNo.11」…… 240g
- 賀茂なす …… 200g
- 地鶏もも肉 …… 160g
- 塩 …… 適量
- 黒胡椒 …… 適量
- トマトソース …… 300cc
- パスタの茹で汁 …… 大さじ1
- EXVオイル「サルバーニュ」…… 大さじ4
- グラナパダーノ …… 大さじ4
- 大葉 …… 4枚
- 揚げ油 …… 適量

きの子のマリネ　バルサミコ風味

（4人分）

- しめじ …… ½パック
- 椎茸 …… 4個
- 舞茸 …… ½パック
- ブラウンえのき …… ¼パック
- 九条ねぎ …… 40g
- トマト …… 30g
- バルサミコ酢「DEL DUOMO」…… 大さじ2
- EXVオイル「サルバーニュ」…… 大さじ1
- 塩 …… 少々

水茄子と帆立のサラダ　パルメザン風味

（4人分）

- 刺身用帆立貝柱 …… 2個
- 白胡椒 …… 少々
- 水なす …… 1個
- レモンドレッシング …… 大さじ1
- グラナパダーノ …… 大さじ1

レモンドレッシング
- レモン汁 …… 1（割合）
- EXVオイル「サルバーニュ」…… 3（割合）

作り方

賀茂茄子と阿波尾鶏もも肉の トマトソース スパゲッティーニ　大葉風味

1. トマトソースを作る。鍋にピュアオリーブオイルを熱し、みじん切りのたまねぎを炒める。ホールトマト缶詰を加えて沸騰したら1分煮て火を止める。冷めたらなめらかになるまでミキサーにかける。
2. 阿波尾鶏もも肉は両面に塩、黒胡椒、EXVオイルをふり、熱したグリルパンに皮を下にして置き、上から皿などで押さえながらしっかり焼き目をつける。途中で向きを変え、格子状に焼き目をつけ、1.5㎝角に切る。
3. 賀茂なすは7～8㎜厚さのくし形切りにし、160～170℃の油できつね色になるまで素揚げし、軽く塩をふる。
4. 塩を入れた湯で、スパゲッティーニを表示時間通り茹でる。
5. フライパンにトマトソースとパスタの茹で汁を入れて中火にかけ、③の賀茂なすを加えて軽くつぶしながらソースとなじませ軽く煮詰める。塩で味を調え、EXVオイル、②の阿波尾鶏もも肉を加える。
6. ⑤のフライパンに④のスパゲッティーニを加え、強火で絡め合わせる。
7. 器に盛り付け、すりおろしたグラナパダーノと千切りの大葉を散らす。

きの子のマリネ　バルサミコ風味

1. しめじ、舞茸、ブラウンえのきは石づきを取り除いてほぐし、椎茸はスライスし、すべて合わせて中火のフライパンでからいりする。水分がとんで香ばしくなったら、EXVオイルと、1㎝角に切ったトマトを加え合わせ、最後にバルサミコを加えて絡めたらバットにあけて冷ましておく。
2. 九条ねぎは斜めに薄くスライスし、①と同様にフライパンでからいりし、EXVオイルを絡めて塩で味を調える。バットにあけて冷ましておく。
3. ①のきのこ類と②の九条ねぎが冷めたら混ぜ合わせ、器に盛る。

水茄子と帆立のサラダ　パルメザン風味

1. 帆立貝柱は沸騰したお湯にくぐらせて冷水に取り、よく水気を拭き取って一口大に切り、軽く白胡椒をふる。水なすは皮をむいて水にさらしてアクを抜き、よく水気を拭き取って3㎝くらいの乱切りにする。
2. レモンドレッシングを作る。レモン汁とEXVオイルをディスペンサーなどに合わせ入れ、全体が均一になるまでしっかりとふり合わせる。
3. ①の帆立貝柱と水なすを②のレモンドレッシングで和え、すりおろしたグラナパダーノをまぶして器に盛る。

※「ウッディコーンのブランマンジェ」と「鱧のあぶりとオクラのサラダ」「赤ピーマンのマリネと水牛のモッツァレラ」のレシピは41ページです。

ワンポイントアドバイス　鶏もも肉はパリパリになるよう、しっかりと焼き目をつけてください。

——オステリア ルッカ
桝谷 周一郎

サバと白味噌のゴルゴンゾーラ焼き

牛バラと干しイチジクの煮込み
千鳥酢を使ったカプレーゼのセミフレッド

白味噌とゴルゴンゾーラが絶妙にマッチしたサバ焼きです。もう二品は、酢の酸味がチーズとトマトの味を引き立てるカプレーゼと甘みのあるイチジクと一緒に煮込んだ牛バラです。

材料

サバと白味噌のゴルゴンゾーラ焼き

(4人分)

- サバ …… ½尾
- 塩 …… 少々
- ピーナッツ …… 小さじ2
- 松の実 …… 小さじ2
- 白味噌「石野の白味噌」 …… 大さじ1
- ゴルゴンゾーラチーズ …… 50g

千鳥酢を使ったカプレーゼのセミフレッド

(4人分)

- フルーツトマト …… 4個
- 塩 …… 少々
- 千鳥酢「村山造酢」 …… 90cc
- ディジョンマスタード …… 大さじ1
- レーズン …… 20g
- オレンジピール …… 30g
- レモンピール …… 30g
- モッツァレラチーズ …… 1個
- 塩 …… 少々
- 黒胡椒 …… 少々
- バジル …… 4枚

牛バラと干しイチジクの煮込み

(4人分)

牛バラと干しイチジクの煮込み

- 牛バラ肉 …… 500g
- 塩 …… 少々
- 黒胡椒 …… 少々
- 薄力粉 …… 適量
- にんにく …… ½片
- ベーコン …… ½枚
- たまねぎ …… ½個
- セロリ …… ½本
- 人参 …… ¼本
- 料理用白ワイン …… 45cc
- トマトソース …… 180cc
- 固形ブイヨン …… 1個
- 水(固形ブイヨンを溶く) …… 適量
- 干しいちじく …… 4個
- レモンの皮 …… ½個分
- イタリアンパセリ …… 少々
- アラビアータオイル …… 小さじ2
- 濃口醤油 …… 大さじ1
- EXVオイル …… 適量

トマトソース

- ホールトマト缶詰 …… 400g
- EXVオイル …… 少々
- にんにく …… 1片

アラビアータオイル

- EXVオイル …… 250cc
- 鷹の爪 …… 4〜5本

作り方

サバと白味噌のゴルゴンゾーラ焼き

1. サバは三枚におろして中骨を抜き、4等分に切り分けて皮に2本切り込みを入れる。身側にだけごく少量の塩をふっておく。
2. ①のサバの皮に薄く白味噌を塗り、細かく崩したゴルゴンゾーラと粗く砕いたピーナッツ、松の実をふる。
3. 180℃に熱したオーブンで、表面に焼き目がついてサバに火が通るまで8〜10分焼く。

千鳥酢を使ったカプレーゼのセミフレッド

1. フルーツトマトは上部を1㎝ほど切り落として、中の種をくりぬく。くりぬいた部分に軽く塩をふり、水気が出てくるまでしばらくおく。
2. ボールに千鳥酢を入れてディジョンマスタードをよく溶き、5㎜角に切ったレモンピール、オレンジピール、レーズンを加えて10分ほどおく。
3. ①のトマトに②を詰め、4等分に切ったモッツァレラチーズをのせる。180℃に熱したオーブンに入れ、モッツァレラチーズが溶けるまで焼く。
4. 器に③のトマトを盛り、塩、黒胡椒をふって、バジルの葉をのせる。

牛バラと干しイチジクの煮込み

1. アラビアータオイルを作る。鷹の爪はヘタを切り落として種を抜き、EXVオイルに漬け、常温で3日おく。
2. トマトソースを作る。鍋にEXVオイルをひきにんにくを炒め、つぶしたホールトマトを加える。半分くらいの量になるまで中火で煮詰め、裏ごしする。
3. 牛バラ肉の下処理をする。牛バラ肉はたこ糸で形が崩れないように縛って塩、黒胡椒をふり、全体に薄く薄力粉をまぶす。フライパンにEXVオイルを熱し、強火で牛バラ肉の全面に焼き色をつける。
4. 鍋にEXVオイルを熱し、みじん切りのにんにくとベーコンを加え中火で炒める。にんにくとベーコンの香りが出たら、みじん切りのたまねぎ、セロリ、人参を加え、弱〜中火で甘みが出るまで5分ほどゆっくり炒める。
5. ④の鍋に③の牛バラ肉を移して白ワインを加え、水分がなくなるまで強火で煮詰める。②のトマトソースを加え、固形ブイヨンを溶いた水を肉が鍋底から少し浮くくらいまで注ぐ。蓋をして170℃に熱したオーブンに鍋ごと入れ、2時間加熱する。やわらかくなったら、牛バラ肉を取り出し、たこ糸をはずして一口大に切り分ける。
6. ⑤の残った煮汁に4等分に切った干しいちじくを加え、水分がほとんどなくなるまで煮詰める。ごく細かいみじん切りにしたレモンの皮、みじん切りのイタリアンパセリを加え、濃口醤油、①のアラビアータオイルで味を調える。
7. 器に⑤の牛肉を盛り、⑥のソースをかける。

ワンポイントアドバイス 牛バラは竹串を刺して串がすっと通るやわらかさにしてください。

——オステリア ルッカ
——桝谷 周一郎

スズキのエスカベッシュ
リンゴ風味

芝えびとズッキーニのスパゲッティ——レモン風味
阿波尾鶏のガランティーヌ——オリーブ風味

リンゴの酸味がアクセントになったスズキのエスカベッシュです。もう二品は甘味噌を使用した鶏のガランティーヌとピリ辛のアラビアータオイルがおいしさを引き立てる芝エビとズッキーニのスパゲティです。

材料

スズキのエスカベッシュ

リンゴ風味

(4人分)

- スズキ …… 320g
- 塩 …… 少々
- 片栗粉 …… 適量
- ルッコラ …… 適量
- トマト …… 適量
- EXVオイル …… 適量
- 揚げ油 …… 適量
- ドレッシング …… 適量

ドレッシング

- リンゴ …… 1個
- たまねぎ …… ½個
- 千鳥酢「村山造酢」 …… 90cc
- 濃口醤油 …… 135cc
- みりん …… 45cc
- 塩 …… 少々

阿波尾鶏のガランティーヌ

オリーブ風味

(4人分)

- 鶏胸肉 …… 250g
- 塩 …… 少々
- 黒胡椒 …… 少々
- 黒オリーブ …… 10個
- 赤味噌(江戸甘味噌) …… 大さじ1
- タイム …… 1本
- ローズマリー …… 1本
- はちみつ …… 大さじ1
- 薄力粉 …… 少々
- グリーンアスパラガス(太) …… 1本

芝えびとズッキーニのスパゲッティ

レモン風味

(4人分)

- フェデリーニ「ディ・チェコNo.10」 …… 160g
- にんにく …… 1片
- アンチョビフィレ …… 少々
- EXVオイル …… 適量
- ズッキーニ …… ½本
- 芝エビ …… 20尾
- 本みりん …… 40cc
- 水 …… 100cc
- 塩 …… 適量
- アラビアータオイル …… 適量
- レモン汁 …… 1個分
- ミント …… 12枚

アラビアータオイル

- EXVオイル …… 250cc
- 鷹の爪 …… 4〜5本

作り方

スズキのエスカベッシュ リンゴ風味

1. ドレッシングを作る。ボールにすりおろしたリンゴとたまねぎを入れ、千鳥酢、濃口醤油、みりんを加えて混ぜ、軽く塩をふり、冷蔵庫で一晩おく。
2. スズキは三枚におろして中骨を抜き、3cm幅に切り分けて皮目に軽く塩をふる。片栗粉を薄くまぶして、180℃に熱した油で素揚げし、熱いうちに①のドレッシングにくぐらせる。
3. 器に薄切りにしたトマトとルッコラの葉を敷き、②のスズキを盛る。EXVオイルをふる。

阿波尾鶏のガランティーヌ オリーブ風味

1. アスパラガスは根元のかたい部分を取り除いてピーラーで皮をむき、縦に4等分に切る。
2. 鶏胸肉は2等分に切り、1cmの厚さに叩いて広げ、塩、黒胡椒をふる。
3. 種を抜いた黒オリーブ、江戸甘味噌、タイム、ローズマリー、はちみつを合わせてミキサーにかけ、ペースト状にする。
4. ②の鶏胸肉に③のペーストを塗り①のアスパラガスを置いて、棒状に巻き込む。ラップでしっかりと包み、蒸し器で10分ほど蒸す。
5. 粗熱が取れたらラップをはずして2cm幅の輪切りにして器に盛る。

芝えびとズッキーニのスパゲッティ レモン風味

1. アラビアータオイルを作る。鷹の爪はヘタを切り落として種を抜き、EXVオイルに漬け、常温で3日おく。
2. フライパンにEXVオイルを熱し、みじん切りのにんにくとアンチョビを加える。香りが出たら、殻をむいた芝エビと5mm厚さの輪切りにしたズッキーニを加えて炒め、芝エビに火が通ったらみりんを加えてアルコールをとばす。水を加えて全体をなじませる。
3. 塩を加えた湯で表示通りに茹でたフェデリーニを②のフライパンに加え、炒め合わせる。
4. レモン汁を加えて全体を合わせ、ざく切りにしたミントの葉と①のアラビアータオイルを加えて手早く全体を合わせる。
5. 器に盛り付ける。

ワンポイントアドバイス スズキはさっと素揚げすることで、サクッとした食感になります。

——伊勢丹「キッチンステージ」
——小山 雄史

あぶり鶏と九条葱《くじょうねぎ》、きのこのパスタ

柚子胡椒風味

季節野菜のバーニャカウダソース
揚げ茄子と紅ズワイガニのトマトジュレ寄せ
ジャガイモとゴルゴンゾーラのグラタン
鴨とモッツァレラチーズのライスコロッケ
——赤ワインソース
マッシュルームのポタージュ

鶏もも肉の旨みを凝縮したパスタです。

前菜プレートは、焼き色をつけたじゃがいものグラタン、ライスコロッケ、トマトジュレをかけた揚げなす、マッシュルームのポタージュ、バーニャカウダです。

材　料

あぶり鶏と九条葱、きのこのパスタ　柚子胡椒風味

（4人分）

鶏もも肉 …… 240g
にんにく …… 12g
鷹の爪 …… 少々
オリーブオイル …… 適量
九条ねぎ …… 120g
丹波しめじ …… 100g
塩 …… 適量
スパゲティ …… 280g
柚子胡椒 …… 少々
白ワイン …… 80cc
EXVオイル …… 60cc

昆布だし
だし昆布 …… 200cc
水 …… 200cc

揚げ茄子と紅ズワイガニのトマトジュレ寄せ

（4人分）

なす …… 2個
紅ズワイガニ缶詰 …… 40g
トマト …… 2個
塩 …… 適量
グラニュー糖 …… 適量
ゼラチン …… 適量
白ワイン …… 20cc
揚げ油 …… 適量

季節野菜のバーニャカウダソース

（4人分）

アンチョビフィレ …… 15g
にんにく …… 15g
オリーブオイル …… 適量
ズッキーニ …… 130g
EXVオイル …… 適量
季節野菜 …… 適量
（ビーツ、アンディーブ、セロリ、ミニトマト、長芋など）

ジャガイモとゴルゴンゾーラのグラタン

（4人分）

じゃがいも（メークイン） …… 500g
にんにく …… ½片
牛乳 …… 200cc
生クリーム …… 200cc
塩 …… 適量
ゴルゴンゾーラチーズ …… 150g

作り方

あぶり鶏と九条葱、きのこのパスタ　柚子胡椒風味

1. 昆布だしを作る。鍋に水とだし昆布を入れ中火にかけ、沸騰する前にだし昆布を取り出し、沸騰させてアクを取る。
2. 鶏もも肉を直火で焦げ目がつくまで焼き一口大にカットする。
3. にんにくのみじん切りと鷹の爪をフライパンでオリーブオイルできつね色になるまで炒め、ほぐしたしめじ、鶏もも肉を入れ、炒め、軽く塩をする。
4. ③のフライパンに小口切りの九条ねぎと、白ワインを入れアルコール分をとばし、①の昆布だしを入れる。
5. アルデンテに茹でたスパゲティと柚子胡椒を④に入れ、手早く絡めて、EXVオイルと合わせて仕上げる。

揚げ茄子と紅ズワイガニのトマトジュレ寄せ

1. トマトは適当な大きさにカットしミキサーに入れつぶす。キッチンペーパーなどで漉し、果汁を取り、塩とグラニュー糖で味を調える。
2. 紅ズワイガニをほぐし、鍋に白ワインと入れ水分がなくなるまで煮詰める。そこに①のトマト果汁100ccと、水でふやかしたゼラチン（2g）を入れ冷やす。
3. なすを170℃の油で揚げ、氷水に取り皮をむく。
4. 器になすを盛り②のジュレをかける。

季節野菜のバーニャカウダソース

1. アンチョビとにんにくをみじん切りにしオリーブオイルで焦げないようにじっくり炒める。
2. ズッキーニは適当な大きさにカットし少量の水で蒸し煮し、①とミキサーにかけピューレ状にしEXVオイルと合わせソースにする。
3. 季節野菜を食べやすい大きさの棒状にカットし②のソースを添える。

ジャガイモとゴルゴンゾーラのグラタン

1. メークインの皮をむき、1.3㎝角にカットし、にんにくをみじん切りにする。鍋に牛乳、生クリーム、塩を入れメークイン、にんにくとともに中火にかける。
2. メークインに火が通り濃度がついてきたら、軽く塩で味をつけグラタン皿に移しゴルゴンゾーラチーズをのせ、オーブンで焼き色をつける。

※「鴨とモッツァレラチーズのライスコロッケ」と「マッシュルームのポタージュ」のレシピは51ページです。

ワンポイントアドバイス　昆布だしのだし昆布はチキンブイヨンでも代用できます。

——伊勢丹「キッチンステージ」
——小山 雄史

真鯛のポワレとそば粉のピッツォケッリ
フレッシュトマトソース

季節野菜のバーニャカウダソース
揚げ茄子と紅ズワイガニのトマトジュレ寄せ
ジャガイモとゴルゴンゾーラのグラタン
鴨とモッツァレラチーズのライスコロッケ
——赤ワインソース
マッシュルームのポタージュ

真鯛のポワレにトマトソースをかけました。

前菜プレートは、焼き色をつけたじゃがいものグラタン、ライスコロッケ、トマトジュレをかけた揚げなす、マッシュルームのポタージュ、バーニャカウダです。

材　料

真鯛のポワレとそば粉のピッツォケッリ フレッシュトマトソース

（4人分）

真鯛	280g
ピッツォケッリ	120g
トマト	200g
にんにく	12g
エシャロット	40g
白ワイン	80cc
白ポルト酒	40cc
バター	80g
塩	適量
オリーブオイル	適量
バジル	4枚

マッシュルームのポタージュ

（4人分）

マッシュルーム	200g
エシャロット	30g
バター	30g
塩	適量
水	200cc
牛乳	100cc
生クリーム	50cc
アクアビット	5cc

鴨とモッツァレラチーズのライスコロッケ 赤ワインソース

（5人分）

鴨胸肉	50g
モッツァレラチーズ	50g
米	¼合
チキンコンソメ	適量
水	45cc
バター	4g
塩	適量
長ねぎ	⅛本
フォンドヴォー	50cc
赤ワイン	50cc
ポルト酒	25cc
赤パプリカ	適量
黄パプリカ	適量
パルメザンチーズ	2.5g
薄力粉	適量
卵	適量
パン粉	適量
油	適量

作り方

真鯛のポワレとそば粉のピッツォケッリ
フレッシュトマトソース

1. 真鯛に分量0.5%の塩をふり冷蔵庫で1日おく。
2. ①の真鯛にオリーブオイルをまぶし、フライパンで皮側から焼く。
3. トマトは湯むきをし種を取り、さいの目切りにする。
4. 鍋に③のトマトとみじん切りにしたにんにく、エシャロットを入れオリーブオイルで炒め、白ワイン、白ポルト酒を入れアルコール分をとばす。そこにバターを入れ乳化させる。
5. 塩で味を調え、ちぎったバジル、茹で上がったピッツォケッリを合わせ器に盛る。

マッシュルームのポタージュ

1. 鍋にスライスしたマッシュルームとエシャロットを入れバターで炒める。火が通ったら水を加えて10分ぐらい煮込む。
2. ①をミキサーにかけ、鍋に移し牛乳、生クリーム、アクアビットを入れ、火にかけ塩で味を調える。

鴨とモッツァレラチーズのライスコロッケ
赤ワインソース

1. 鍋にバター（2g）を入れ、洗って水気を切った米を入れ火にかけ炒める。別の鍋に水とチキンコンソメを入れ沸かし、炒めた米の鍋に入れよく混ぜ蓋をして、180℃のオーブンに15分入れ10分間蒸らす。
2. 鴨胸肉の皮の部分に包丁で切り込みを入れ塩をする。フライパンで皮目からじっくり焼き脂をしっかり出し、余熱で火を通す。
3. ①の米を冷ましボールに移し、長ねぎ、赤、黄パプリカのみじん切りを加え混ぜる。さらにパルメザンチーズを加えよく混ぜ、刻んだ鴨胸肉、モッツァレラチーズを混ぜる。
4. ③を適当な大きさに分け、薄力粉、卵（よく溶いておく）、パン粉の順番でパン粉づけをし170℃の油で揚げる。
5. 鍋に赤ワイン、ポルト酒を入れ火にかけ半分の量になるまで煮詰め、フォンドヴォーを加え軽くとろみがつくまで煮詰める。最後にバター（2g）を加え仕上げる。
6. 器に④を盛り、⑤のソースをかける。

※「季節野菜のバーニャカウダソース」と「揚げ茄子と紅ズワイガニのトマトジュレ寄せ」「ジャガイモとゴルゴンゾーラのグラタン」のレシピは49ページです。

ワンポイントアドバイス　鴨胸肉は脂が出やすく、脂が残るとかたくなってしまうので、しっかり脂を捨ててください。

——ディリット
——坂内 正宏

ジャボーノ、アルボーノと赤城もち豚のスパゲッティ クリームソース

ほうれん草とパッパルデッレのミネストローネ

カリカリに炒めたもち豚、ジャボーノ、アルボーノを生クリームとパルミジャーノのソースで絡めたスパゲティです。サイドメニューは野菜の旨みが存分に引き出された、パッパルデッレ入りのミネストローネです。

材 料

ジャボーノ、アルボーノと赤城もち豚のスパゲッティ クリームソース

（4人分）

- ジャボーノ …… 120g
- アルボーノ …… 120g
- 赤城もち豚 …… 160g
- 生クリーム …… 120cc
- 水 …… 120cc
- パルミジャーノ …… 40g
- スパゲティ「アルチェネロ 1.6㎜」 …… 200g
- 塩 …… 適量
- 粗挽き黒胡椒 …… 少々
- にんにくオイル …… 小さじ1
- 白トリュフオイル …… 少々

ほうれん草とパッパルデッレのミネストローネ

（5人分）

スープの野菜
- たまねぎ …… ½個
- セロリ …… ½本
- 人参 …… ¼本
- じゃがいも …… ½個
- ズッキーニ …… ½本
- キャベツ …… 1½枚

後入れの野菜
- ほうれん草 …… ½パック
- 白いんげん（前日にもどしておく） …… 60g

その他の材料
- ローリエ …… ½枚
- ホールトマト …… 50cc
- 水 …… 500cc
- チキンブイヨン …… 1個
- サラダ油 …… 大さじ2
- パッパルデッレ「Cara Nonna」 …… 適量
- 塩 …… 適量

盛り付け用
- パルミジャーノ …… 適量
- トスカーナ産 EXVオイル …… 適量

作り方

ジャボーノ、アルボーノと赤城もち豚のスパゲッティ クリームソース

1. スパゲティを1％の塩分で6分20秒茹でる。
2. ジャボーノ、アルボーノは少しほぐしておく。
3. 赤城もち豚はカリカリ感が出るまで、にんにくオイルで炒める。
4. ジャボーノ、アルボーノも加え、焼き色がつくぐらいカリカリにする。その後、軽く塩をして味を調える。
5. 色がついたら、生クリームと水を合わせたものを入れ、温める。
6. 茹で上がったスパゲティと絡め、沸いたら火を止める。ソースが温まったらにんにくオイルを入れてパルミジャーノを混ぜ込む。
7. 濃度と塩分を見て味を調整し、盛り付ける。
8. 粗挽き黒胡椒をかける。
9. 数滴白トリュフオイルをかける。

ほうれん草とパッパルデッレのミネストローネ

1. 人参以外のスープの野菜を1㎝弱の角切りにする。人参は小さめのいちょう切りにする。
2. 鍋にサラダ油をひき、中火弱で、たまねぎとローリエを炒める。
3. たまねぎが透き通ってきたら、セロリと人参を炒める。
4. 甘い香りがしてきたら、じゃがいも、ズッキーニ、キャベツを炒め、塩をする。塩は旨みを引き出すイメージで入れる。
5. ゆっくり炒めたら、水、ホールトマトをつぶしたもの、チキンブイヨン、白いんげんを入れ、弱火で1時間以上煮込む。
※水煮の白いんげんを使う場合は、この工程後に入れて、10分煮込む。
6. 1㎝弱幅に切ったほうれん草、パッパルデッレを少し割って入れる。スープをパスタに吸わせるような感じで10分煮る。
7. 塩で味を調える。
8. 皿に盛り付け、パルミジャーノとEXVオイルをたっぷりかける。

ワンポイントアドバイス　ミネストローネはたまねぎを終始中火弱でしっかり炒めることで、甘みが引き出されます。

——ディリット

——坂内 正宏

水菜とからすみのスパゲッティーニ

カマスとブロッコリーのラザニア

水菜とからすみを唐辛子、にんにく、オリーブオイルで炒め、柚子を散らした、香りも豊かなスパゲッティーニです。サイドメニューは、しっかりと塩をしたカマスとブロッコリーの入った、濃厚なラザニアです。

材　料

水菜とからすみのスパゲッティーニ
（4人分）

にんにく	1個
唐辛子	1本
シチリア産 EXVオイル	100cc
水菜	½パック
からすみ	30g
柚子	少々
スパゲッティーニ「garofalo No,1」	240g
塩	適量

カマスとブロッコリーのラザニア
（3人分）

カマス	1尾
ブロッコリー	½株
ホールトマト	150cc
牛乳	150cc
粉末ホワイトソース	15g
パルミジャーノ	大さじ3
ラザニア「バリラ」	2枚
塩	適量
タイム	少々
にんにくオイル	適量
白胡椒	少々

作り方

水菜とからすみのスパゲッティーニ

1. にんにくをみじん切りにする。唐辛子は手でちぎっておく。
2. からすみをスライスする。
3. 柚子を千切りにする。
4. 冷たいフライパンににんにく、唐辛子、EXVオイルを入れ、弱火にかける。
5. スパゲッティーニを1%の塩分（分量外）で、5分ボイルする。
6. ④のにんにくが色づき始めたら、茹で汁を70cc入れる。
7. パスタを茹で上げ、フライパンに入れたところで少し水分を吸わせる。ざく切りした水菜を加えて一緒に絡め、塩で味を調える。少し茹で汁が残る程度で終わらせる。
8. 皿に盛り付け、からすみと柚子をのせる。
9. オリーブオイルをかける。

カマスとブロッコリーのラザニア

1. ホールトマトをつぶす。
2. 粉末のホワイトソースに牛乳を加え、軽く火にかけて温める。
3. ブロッコリーをフォークで刺して一口で食べられるくらいの大きさに切る。軸の部分もおいしく食べられるので、同じ大きさにして入れる。
4. 三枚におろしたカマスにしっかりめに塩をする。白胡椒をし、にんにくオイルとタイムでマリネする。
5. グラタン皿に①と②を15gずつ敷き、ブロッコリーを並べ、パルミジャーノをかけ、ラザニアを重ねる。
6. ①と②をのせ、カマスを並べ、パルミジャーノをかけてラザニアを重ねる。
7. ①と②をのせ、ブロッコリーを置き、たっぷりのパルミジャーノをかけ、最後ににんにくオイルをかける。
8. 220度のオーブンで20分焼く。

ワンポイントアドバイス　ラザニアのカマスは、しっかりめに塩をしてください。

フランス料理

エメ・ヴィベール
若月 稔章
Toshinori Wakatsuki

ボンファム
富山 勉
Tsutomu Tomiyama

銀座ラトゥール
清水 忠明
Tadaaki Shimizu

オー・プロヴァンソー
中野 寿雄
Toshio Nakano

シェ・イノ
古賀 純二
Junji Koga

NARUKAMI
鳴神 正量
Masakazu Narukami

TERAKOYA
間 光男
Mitsuo Hazama

ル・マンジュ・トゥー
谷 昇
Noboru Tani

――エメ・ヴィベール
――若月 稔章

国産スペアリブのブレゼ、ロティ

キャベツと二種のマスタードで

温製各種野菜のサラダ仕立て
――バルサミコの香り

じっくりと煮込んだスペアリブと甘みのあるキャベツをピリ辛マスタードで味つけしました。

サクサクとした食感も楽しめる料理です。

サラダはバルサミコ酢の酸味がアクセントになっています。

材　料

国産スペアリブのブレゼ、ロティ
キャベツと二種のマスタードで

（6人分）

国産スペアリブ	1kg（約160g×6）
原塩（粒塩）	150g
砂糖	35g

煮込み用材料

水	2ℓ
たまねぎ	100g
人参	100g
原塩	3g
チキンブイヨン（粉末）	10g
塩	2g
白胡椒（ホール）	2g
にんにく（皮つき）	30g
ブーケガルニ（タイム、ローリエ、パセリの茎など）	適量

キャベツ	240g
ドライパン粉	20g
にんにく（みじん切り）	4g
パセリ（みじん切り）	6g
ディジョンマスタード	12g
粒マスタード	12g
サラダ油	適量
バター	適量

温製各種野菜のサラダ仕立て バルサミコの香り

（6人分）

サーベルいんげん	30本
カリフラワー	12房
ブロッコリー	12房
きぬさや	18枚
そら豆	12個
スナップえんどう	6個
小かぶ	1½個
バルサミコ酢	180cc
EXVオイル	120cc
塩	適量
白胡椒（パウダー）	適量
フルール・ド・セル「マルドンシーソルト」	適量
白胡椒（ホール）	適量

作り方

国産スペアリブのブレゼ、ロティ
キャベツと二種のマスタードで

1. 原塩と砂糖をスペアリブにまぶし、2日間マリネする。その後、流水で1時間さらす。
2. 鍋に水とマリネしたスペアリブを火にかけ、沸騰したら、他の煮込み用材料を入れる（スペアリブが浮いてこないように、網などで重しをする）。弱火で約5時間煮込む。
3. スペアリブがやわらかくなったら取り出し、ラップをしっかりとする。冷蔵庫で1日おく（人参は付け合わせに使用するのでとっておく）。煮汁は1.2ℓになるまで煮詰める。
4. ドライパン粉、にんにく、パセリで香草パン粉を作っておく。
5. ③のスペアリブをサラダ油とバターでフライパンで全体に焼き色をつけ、上の脂の部分にディジョンマスタードを塗り、④の香草パン粉をまぶす。さらに、サラマンダーなどでパン粉部分に焼き色をつける。
6. キャベツを塩茹でしておき、③の煮汁50ccで温め、粒マスタードを加え混ぜる。それを、器に敷き、⑤のスペアリブをのせ、付け合わせの人参を添える。

温製各種野菜のサラダ仕立て
バルサミコの香り

1. かぶはくし形にカットし、火がしっかり通るまで塩茹でして、その他の野菜は別々に少し歯ごたえがあるぐらいに塩茹でし、氷水で冷まし水気を切っておく。きぬさやは筋に沿って縦半分だけ切り目を入れておく。
2. 30ccのバルサミコ酢を鍋で5ccになるまで煮詰め、EXVオイルを少量加えソースを作っておく。
3. ①の野菜とEXVオイルを鍋に入れ、弱火で温めオイルを切り、塩、白胡椒（パウダー）で味を調える。
4. 器に③の野菜を盛り、まわりに②のソースを流し、フルール・ド・セル、白胡椒（ホールを粗くつぶしたもの）を上からかける。

ワンポイントアドバイス 圧力鍋を使用すれば、スペアリブの煮込み時間を⅓に短縮できます。

——エメ・ヴィベール
——若月 稔章

スズキのポワレとエピナのソテー

ソースヴィエルジュ

グリーンアスパラガスとウフポッシェ

バターで炒めたスズキとほうれん草に、
トマトやバジルの旨みが凝縮されたソースをかけました。
サイドメニューは、ポーチドエッグに
アスパラガスのソースをかけたまろやかな一品です。

材 料

グリーンアスパラガスとウフポッシェ

(4人分)

グリーンアスパラガス(太めのもの)	8本
卵	4個
塩	適量
白胡椒(パウダー)	適量
フルール・ド・セル「マルドンシーソルト」	適量
白胡椒(ホール)	適量
白ワインビネガー	適量

スズキのポワレとエピナのソテー

ソースヴィエルジュ

(4人分)

スズキ(皮なし)	320g(40g×8枚)
ほうれん草	80g
チェリートマト	20個
エシャロット	20g
にんにく	8g
EXVオイル	80cc
レモン	⅖個
イタリアンパセリ	40枚
バジル	大4枚
塩	適量
白胡椒(パウダー)	適量
バター	適量
ピュアオリーブオイル	適量
フルール・ド・セル「マルドンシーソルト」	適量
白胡椒(ホール)	適量

作り方

グリーンアスパラガスとウフポッシェ

1. グリーンアスパラガスを上部から11～12cmにカットし、上の部分は皮を薄くむく。上下別々に塩茹でし、氷水で冷まし水気を切り、上の部分は塩、白胡椒(パウダー)をしておく。
2. 下の部分は薄くスライスし、塩茹でし水気を切り、ミキサーにかけ、塩、白胡椒で味を調えソースにする。
3. 卵でポーチドエッグを作る。鍋に白ワインビネガーの入った水を入れ火にかける。沸騰させない程度に温め卵を入れる。白身が固まったらお湯から取り出す。
4. 器の中央に温めたグリーンアスパラガスの上部を置き、その上にポーチドエッグをのせる。②のソースをかけ、上から軽くマルドンシーソルトと白胡椒(ホールを粗くつぶしたもの)をかける。

スズキのポワレとエピナのソテー

ソースヴィエルジュ

1. スズキは塩、白胡椒(パウダー)をして、ピュアオリーブオイルとバターを入れたフライパンで火が通るようにソテーする。
2. ほうれん草は葉だけを摘み、塩茹でし氷水で冷まして水気を切る。フライパンにバターを入れソテーし塩、白胡椒(パウダー)で味を調える。
3. チェリートマトは湯むきして、縦半分にカットしておく。エシャロット、にんにくはみじん切りにしておく。レモンは果肉を取り、さいの目にカットし、残りの部分で絞り汁を取る。イタリアンパセリ、バジルは葉を摘み、千切りにしておく。
4. 鍋に③の材料、EXVオイルを入れ温め、塩、白胡椒(パウダー)で味を調えソースを作る。
5. 器の中央にソテーしたほうれん草を置き、その上にソテーしたスズキをのせ、④のソースをかけ、上からマルドンシーソルト、白胡椒(ホールを粗くつぶしたもの)をかける。

ワンポイントアドバイス スズキのポワレで使用するほうれん草は、クタクタになるまで塩茹でですると、旨みが凝縮されます。

――シェ・イノ
――古賀 純二

夏野菜のテリーヌ
オマールのコンソメジュレ添え

フォアグラのソテーと
ハーブのサラダ――パインとオレンジ風味

野菜とオマールエビのおいしさを閉じ込めた、
夏にピッタリの涼しげなテリーヌです。
サイドメニューは、濃厚なフォアグラに
フルーティーなオレンジソースがよく合った一品です。

材　料

夏野菜のテリーヌ
オマールのコンソメジュレ添え

（4人分）

人参	1本
ズッキーニ	½本
さやいんげん	50g
なす	1個
赤パプリカ	1個
長ねぎ	½本
オマールエビ	1尾
キャベツ	¼枚

パプリカソース

たまねぎ	¼個
レモン汁	適量
サフラン	適量
EXVオイル	50cc
白ワイン	30cc
オマールエビのジュレ（市販のもの）	120g

フォアグラのソテーとハーブのサラダ
パインとオレンジ風味

（4人分）

フォアグラ	40g×4個
ピュアオリーブオイル	適量
ルッコラ	½パック
チコリ	½個
マーシュ	½パック
トレビス	2枚
クレソン	1束
イタリアンパセリ	適量
オレンジ	1個
パイナップル	⅙個
フルーツトマト	1個
砂糖	大さじ1
はちみつ	20cc
シェリー酒	20cc
EXVオイル	60cc
塩	適量
コリアンダー	適量

作り方

夏野菜のテリーヌ
オマールのコンソメジュレ添え

1. 野菜を下ごしらえする。キャベツ、人参、いんげんは沸騰した湯でボイルし水気を切っておく。ズッキーニ、なす、長ねぎは1cm角ぐらいにカットし、フライパンでソテーする。赤パプリカは直火で皮を焼き取り除き、半分をソテーする（残りはソースに使用する）。
2. オマールエビを湯でボイルする。
3. テリーヌ型にラップを敷き、キャベツを敷き詰め、その他の野菜を彩りよく詰めていく。①の野菜、②のオマールエビを詰め、重しをして冷蔵庫で2～3時間しめる。
4. パプリカソースを作る。①の残りのパプリカ、たまねぎをソテーし、白ワインを入れアルコール分が蒸発したら裏ごしし、サフラン、EXVオイル、レモン汁を入れる。
5. テリーヌを中央に置き、等間隔にソースの点を描く。ジュレをテリーヌの上にのせる。

フォアグラのソテーとハーブのサラダ
パインとオレンジ風味

1. 野菜を一口大にカットし流水にさらし、よく水気を切って冷やしておく。
2. オレンジ、パイナップル、フルーツトマトは1cm角の大きさにカットする。
3. オレンジの皮を千切りにし、鍋に水と入れ沸騰させる。沸騰したらお湯を捨て、さらに水を入れ沸騰させる。同じことを再度行い、水気を切り砂糖を入れ弱火でソテーする。
4. ボールにはちみつ、シェリー酒を入れよく混ぜ、EXVオイルを少しずつ入れさらによく混ぜ、コリアンダーを入れ塩で味を調える。
5. フォアグラをピュアオリーブオイルでソテーする。
6. 皿に①の野菜、③のオレンジの皮を盛り、⑤のフォアグラをのせ、②を散らし、④のソースをかける。

ワンポイントアドバイス オマールエビのジュレがない場合は、コンソメ、ドレッシング、マヨネーズなどで代用してください。

——シェ・イノ
——古賀 純二

牛スネ肉の赤ワイン煮
クミン風味の人参のピューレ添え

舌平目のムース詰め
——軽いソースアメリケーヌ　トリュフ風味のヌイユ添え

2、3日赤ワインで漬け込んだ肉を、5～6時間煮込むことで、肉の旨みが最大限に引き出された一品です。
サイドメニューは舌平目と帆立のおいしさが凝縮したまろやかなムースです。

材　料

舌平目のムース詰め
軽いソースアメリケーヌ
トリュフ風味のヌイユ添え

(4人分)

舌平目(1人分は半身) …… 200g

ムース

舌平目 …… 50g
帆立 …… 50g
生クリーム …… 100cc
卵白 …… 少々
塩 …… 適量
ジュドオマール …… 200cc
ブランデー …… 30cc
ポルト酒 …… 10cc
生クリーム …… 50cc
ヌイユ …… 30g
トリュフオイル(白) …… 少々
バター …… 少々
シブレット …… 適量
トマト …… 適量

牛スネ肉の赤ワイン煮
クミン風味の人参のピューレ添え

(4人分)

牛すね肉 …… 500g
赤ワイン …… 360cc
人参 …… ½本
たまねぎ …… ½個
ポロねぎ …… ¼本
パセリの茎 …… 少々
セロリ …… 1本
にんにく …… ½片
薄力粉 …… 適量
ブイヨン …… 500cc
フォンドヴォー …… 100cc
ポルト酒 …… 100cc
ブーケガルニ …… 適量
タイム …… 適量
ローリエ …… 適量
ローズマリー …… 適量
塩・胡椒 …… 各適量
白胡椒(粗挽き) …… 適量

人参のピューレ

人参 …… ½本
バター …… 適量
牛乳 …… 200cc
クミン …… 適量
塩 …… 適量
黒胡椒 …… 適量

作り方

舌平目のムース詰め 軽いソースアメリケーヌ トリュフ風味のヌイユ添え

1. ムースを作る。舌平目、帆立をフードプロセッサーにかけ、すり身にしボールに移す。氷水に底をあてながら卵白と合わせ、少量ずつ生クリームを入れ、よく混ぜ塩で味を調える。
2. 舌平目の身をラップの上にのせ、①のムースを包み込み、ラップで形を整え10分ほど蒸し火を通す。
3. 鍋にブランデー、ポルト酒を入れ火にかけ、アルコール分を蒸発させ、ジュドオマールを入れ⅙の量まで煮詰め、生クリームを入れる。一煮立ちさせ塩で味を調え、ホイッパーで泡立てる。
4. ヌイユを塩の入ったお湯でボイルし、茹で上がったら水気を切り、トリュフオイル、バターを合わせる。
5. 皿に④のヌイユを敷き、②の舌平目のムース詰めをのせ、③のソースをかけ、シブレット、カットしたトマトを飾る。

牛スネ肉の赤ワイン煮 クミン風味の人参のピューレ添え

1. 鍋に牛すね肉、一口大に切った人参、たまねぎ、ポロねぎ、セロリ、パセリの茎、にんにく、赤ワインを入れ、2～3日間漬け込む。
2. ①を漬け込み終えたら、肉と野菜と液体に分け、肉と野菜は水気を切っておく。肉は塩、胡椒をして薄力粉をまぶしフライパンでソテーし焼き色をよくつける。
3. 鍋に野菜を入れよく炒めて、②の肉、液体、ポルト酒を入れ強火にかけ、沸騰したら弱火にしアクを丁寧に取る。
4. ③にブイヨン、フォンドヴォー、ブーケガルニ、タイム、ローリエ、ローズマリーを入れ5～6時間煮込む。
5. 煮込み終えたら、肉を取り出し、鍋の野菜を裏ごしし軽く煮詰め、塩で味を調える。
6. 人参のピューレを作る。人参を一口大にカットし、鍋に他の材料と人参を入れ煮込む。人参がやわらかくなったら、ミキサーにかけピューレ状にし、皿に盛った牛スネ肉にそえる。

ワンポイントアドバイス ムースのすり身は、少量ずつ生クリームを加えることで、なじみやすくなります。

——ボンファム
——富山 勉

赤城山麓牛のポアレ

ベアルネーズソース

木の子のマリネ——赤ワインビネガー風味

野菜のゼリースープ

牛肉のポアレには、トマトの酸味に卵黄とバターのまろやかさがマッチしたコクのあるソースをかけました。赤ワインビネガーでさっぱり仕上げたきのこと食感の楽しいゼリースープとともにどうぞ。

材　料

赤城山麓牛のポアレ
ベアルネーズソース

(4人分)

牛ヒレ肉 …… 60g×2枚

ソースベース(作りやすい分量)

エシャロット …… 1個
トマト …… ½個
マッシュルーム …… 30g
エストラゴン酢漬け …… 30g
ノイリー酒 …… 150cc
白ワインビネガー …… 60cc
白胡椒(ミニョネット) …… 小さじ½
塩 …… 2g

メークインのコンフィ

じゃがいも(メークイン) …… 2個
ピュアオリーブオイル …… 適量
塩 …… 適量
黒胡椒 …… 適量
タイム …… 適量

ベアルネーズソース

卵黄 …… 1個分
ソースベース …… 20cc
バター …… 30g
レモン汁 …… 適量
エストラゴン …… 適量
塩 …… 適量
白胡椒 …… 適量

木の子のマリネ
赤ワインビネガー風味

(作りやすい分量)

椎茸 …… 1パック
エリンギ …… 1パック
舞茸 …… 1パック
ぶなしめじ …… 1パック
きくらげ …… 20g
白きくらげ …… 20g
マッシュルーム …… 8個
EXVオイル …… 少々
イタリアンパセリ …… 適量
ピュアオリーブオイル …… 75cc
赤ワインビネガー …… 50cc
にんにく …… 3片
塩 …… 適量
白胡椒(ミニョネット) …… 適量

※木の子500gの場合の分量です

作り方

赤城山麓牛のポアレ
ベアルネーズソース

1. ソースベースを作る。エシャロットはスライス、トマトは横半分にカット、マッシュルームはつぶし、他の材料と鍋に入れ中火で煮詰めシノワで漉しておく(でき上がり約80cc)。
2. メークインのコンフィを作る。メークインを円柱状にカットして約3cmの厚さに切る。鍋に水と一緒に入れ一度茹でこぼして取り出し、90℃のピュアオリーブオイルで約10分間火を入れる。煮上がったらオイルを切り、塩、黒胡椒、タイムをふっておく。
3. ベアルネーズソースを作る。ボールに卵黄と①のソースベースと5ccの水を入れ湯煎にかけながらしっかりとかき立てる。火が入ったら溶かしたバターを少しずつ加えレモン汁を混ぜ、塩、白胡椒、刻んだエストラゴンを加える。
4. フライパンで牛ヒレ肉をお好みの加減で焼き、少し休ませてから、皿に盛りベアルネーズソース、メークインのコンフィを添える。

木の子のマリネ
赤ワインビネガー風味

1. 椎茸は石づきを落として縦½〜¼にカット、エリンギは頭部分を縦¼に下部分は乱切り、舞茸、ぶなしめじは適当な大きさにほぐし、きくらげ、白きくらげは水でもどして適当な大きさにカット、マッシュルームは½にカットしておく。
2. 鍋にピュアオリーブオイルと半分にカットし芯を取ったにんにくを入れ、弱火で香りを出す。
3. ②を強火にし椎茸、エリンギ、マッシュルームを炒め塩をする。舞茸、ぶなしめじを加えさらに炒め、塩をし、½の量の赤ワインビネガーを入れ、沸騰したらきくらげ2種を加え炒め、残りの赤ワインビネガーを入れ、白胡椒、味が薄いようなら塩を加え味を調える。
4. ③を火からはずしバットなどに移し、常温で冷ましてから冷蔵庫に入れ一晩味をなじませる。
5. 器に盛り、少量の赤ワインビネガー(分量外)、EXVオイルで香りをつけ、イタリアンパセリをあしらう。

※「野菜のゼリースープ」のレシピは69ページです。

ワンポイントアドバイス ベアルネーズソースでは、ソースベースと卵黄、水をしっかりと混ぜ合わせてください。

――ボンファム
富山 勉

秋鮭のプロヴァンス風

木の子のマリネ――赤ワインビネガー風味
野菜のゼリースープ

秋鮭の旨みが野菜によって引き立つ、
色鮮やかな料理です。
赤ワインビネガーでさっぱり仕上げたきのこと
食感の楽しいゼリースープとともにどうぞ。

材 料

秋鮭のプロヴァンス風

（4人分）

秋鮭切り身	80g×4切れ
パプリカ（赤・黄）	各¼個
ズッキーニ	½本
なす	½個
トマト（中玉）	4個
にんにく	4片
ノイリー酒	30cc
ペルノー酒	60cc
ブイヨン	100cc
ピュアオリーブオイル	適量
EXVオイル	30cc
バター	20g
レモン汁	適量
ローズマリー	½枝×4
タイム	½枝×4
塩	適量
白胡椒	適量

野菜のゼリースープ

（4人分）

たまねぎ	½個
人参	50g
セロリ	50g
トマト	75g
きのこの石づき（木の子のマリネなどで出たものでOK）	20g
白胡椒（ミニョネット）	1g
塩	7.5g
水	1ℓ
板ゼラチン	5g
オクラ	4本
長芋	⅛本
グリーンアスパラガス（下部）	2本
なめこ	適量
イクラ	適量

作り方

秋鮭のプロヴァンス風

1. 野菜をカットする。パプリカは縦に半分にしひし形にカット、ズッキーニは縦4つにし1㎝幅にカット、なすは皮を取り1㎝幅にカットし水に浸ける、トマトは縦½にカットする。
2. フライパンにピュアオリーブオイルと皮つきのままつぶしたにんにくを入れ弱火にかける。香りが出たら①のトマト以外の野菜を入れ軽く炒め、塩をする。
3. 鮭に塩、白胡椒し②のフライパンに入れ表面、裏面を焼く。
4. トマト、ノイリー酒、ペルノー酒を加えアルコール分をとばし、ブイヨン、タイム、ローズマリーを加え、蓋をして弱火で火を通す。火が通ったら鮭を取り出し保温しておく。
5. フライパンの煮汁を軽く煮詰めてバター、EXVオイル、レモン汁を加え塩、白胡椒で味を調える。
6. 器に鮭を盛り、フライパンのソースをかけ、ローズマリー、タイム、にんにくを添える。

野菜のゼリースープ

1. たまねぎは繊維に沿ってスライス、人参、セロリは小口にスライス、トマトは横半分にカットする。水を入れた鍋にきのこの石づき、白胡椒と一緒に入れ強火にかけ、沸いてきたらアクを取り弱火で約1時間煮出す。
2. ①をキッチンペーパーをあてたシノワで漉す（でき上がり約670cc）。
3. ②のスープに水でもどしたゼラチンを加え冷蔵庫で冷やし固める。
4. オクラ、アスパラは塩茹でし1㎝幅にカット、長芋は8㎜角のさいの目にカット、なめこは①のスープ少量に塩を加え、茹でて汁気を切っておく。
5. ③のゼリーと④の野菜を合わせ器に盛り、イクラを添える。

※「木の子のマリネ」のレシピは67ページです。

ワンポイントアドバイス　鮭は中まで火が入るようにフライパンでじっくりと焼いてください。

NARUKAMI
——鳴神 正量

鱈のズッキーニ蒸し

吉野葛でつないだブイヨン
ジャポネーズ酢飯添え

長いもと赤海老のおだしのゼリー寄せ
ヴィシソワーズとビーツのスープジャパン
仔羊とお野菜のゼリー寄せ
アスパラ豆腐——なめことシトロンソミュレの風味
カキのフラン——クリーミーな泡状のソース
和牛サーロインのしゃぶしゃぶ——七味オリーブ風味
舞茸とりんごと貝のサラダ

ズッキーニをかけたたら蒸しや、コンソメジュレに長芋と赤エビをのせたゼリー、帆立とカキの旨みが凝縮した濃厚なソース、ビーツのスープをかけたヴィシソワーズなど、彩り鮮やかな重箱です。

材　料

鱈のズッキーニ蒸し
吉野葛でつないだブイヨン
ジャポネーズ酢飯添え
（4人分）

酢飯
- 飯 …… 180g
- 米酢 …… 適量

鱈のズッキーニ蒸し
- 生たら切り身 …… 360g
- ズッキーニ（すりおろす） …… 1本
- 卵白 …… 150g

ソース
- 白ワイン …… 100cc
- フュメドポワソン …… 200g
- 吉野葛 …… 10g
- 水 …… 20cc
- 赤穂の塩（「瀬讃の鹽」で代用可） …… 適量
- 白胡椒 …… 適量
- レモン汁 …… 適量
- 姫ねぎ …… 少々

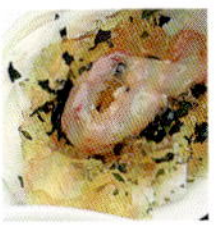

長いもと赤海老のおだしのゼリー寄せ
（4人分）

- 長芋（皮をむき7cmの千切り） …… 200g
- 乾燥わかめ（細かくつぶす） …… 1g
- 赤エビの塩糀漬け …… 20g
- セルフィーユ …… 少々

コンソメのジュレ
- コンソメ（固形を規定量の湯でもどす） …… 60cc
- 板ゼラチン（水でもどす） …… 2g
- 赤穂の塩（「瀬讃の鹽」で代用可） …… 適量
- 白胡椒 …… 適量

ヴィシソワーズとビーツのスープジャパン
（5人分）

ヴィシソワーズ
- じゃがいも（皮をむきごく薄くスライス） …… 250g
- たまねぎスライス …… 30g
- ポロねぎスライス …… 1/10本
- サラダ油 …… 適量
- フォンブラン（チキンブイヨンで代用可） …… 250cc
- 生クリーム（乳脂肪分38%） …… 少々
- 牛乳 …… 少々
- コンソメ（固形を規定量の湯でもどす） …… 100cc
- 赤穂の塩（「瀬讃の鹽」で代用可） …… 適量
- 白胡椒 …… 適量

ビーツのスープ
- ビーツ（皮をむいてごく薄くスライス） …… 250g
- たまねぎスライス …… 30g
- ポロねぎスライス …… 1/10本
- サラダ油 …… 適量
- フォンブラン（チキンブイヨンで代用可） …… 250cc
- 生クリーム（乳脂肪分38%） …… 少々
- 牛乳 …… 少々
- コンソメ（固形を規定量の湯でもどす） …… 70cc
- 赤穂の塩（「瀬讃の鹽」で代用可） …… 適量
- 白胡椒 …… 適量

作り方

鱈のズッキーニ蒸し
吉野葛でつないだブイヨン ジャポネーズ酢飯添え

1. 酢飯を作る。炊き上がった飯に米酢をかけ、冷ますように混ぜる。
2. たらのズッキーニ蒸しを作る。ズッキーニに卵白を加え、こしを切るようにしっかり混ぜる。
3. ラップを敷いた器に皮目を下にしてたらを入れ、表面が隠れるように②のズッキーニの衣をかける。蒸し器で5～7分ほど蒸す。
4. ソースを作る。鍋に白ワインを沸かし、1/5ほどの量まで煮詰める。フュメドポワソンを加えて加熱し、水に溶いた吉野葛を加えてとろみをつける。塩、白胡椒、レモン汁で味を調える。
5. 器に丸く抜いた①の酢飯を置き、③のたらを崩れないようにのせる。全体を覆うように④のソースをかけ、姫ねぎをあしらう。

長いもと赤海老のおだしのゼリー寄せ

1. コンソメのジュレを作る。コンソメを火にかけ、ゼラチンを加え溶かし、塩、白胡椒で味を調える。よく冷やし固めて、フォークなどで細かく崩す。
2. 器に長芋をパスタのように盛り、①のジュレをかける。乾燥わかめ、赤エビの塩糀漬けをふり、セルフィーユをあしらう。

ヴィシソワーズとビーツのスープジャパン

1. ヴィシソワーズを作る。鍋にサラダ油をひき、たまねぎ、ポロねぎをごく弱火で色がつかないように30分ほど炒め、軽く塩をふる。じゃがいもを加え、ごく弱火のまま色がつかないように炒める。じゃがいもがそのまま食べられるくらいまで火を通す。じゃがいもは水にさらさずに調理する。
2. ひたひたの量のフォンブランを加え、静かに沸いている状態を保ちながら3時間ほど煮る。煮詰まったら水を足し、はじめに加えたフォンブランと同じ水分の量を保つようにする。これをミキサーにかけて裏ごしし、よく冷やす。
3. ②の1/3量ほどのコンソメを加える。じゃがいもの味が消えないぎりぎりまで生クリームを加える。濃すぎるときはさらさらにならない程度まで牛乳でのばす。塩、白胡椒で味を調える。
4. ビーツのスープを作る。ヴィシソワーズと同じ手順で作る。
5. 器にヴィシソワーズをよそい、日の丸模様になるように、中心に丸くビーツのスープを流す。少しきつめに白胡椒をふる。

ワンポイントアドバイス　つなぎで吉野葛を使用することで水溶き片栗粉などに比べると、粉っぽくなりません。

材　料

和牛サーロインのしゃぶしゃぶ
七味オリーブ風味

（4人分）

和牛サーロイン薄切り肉	120g
ベビーリーフ	適量
「八幡屋礒五郎」七味唐からし入り オリーブオイル	適量
赤穂の塩（「瀬讃の鹽」で代用可）	適量

舞茸とりんごと貝のサラダ

（4人分）

舞茸	100g
EXVオイル	適量
赤穂の塩（「瀬讃の鹽」で代用可）	適量
つぶ貝	100g
白ワイン（酸味の強いもの）	適量
青リンゴ（皮ごと千切り）	80g

作り方

和牛サーロインのしゃぶしゃぶ
七味オリーブ風味

1. 沸いた湯にサーロインをくぐらせて氷水に取り、よく水気を切る。
2. ベビーリーフと一緒に器に盛り、七味オリーブオイルと塩をふる。

舞茸とりんごと貝のサラダ

1. 舞茸はEXVオイルと塩をかけ、220℃のオーブンに入れ、カリカリの食感になるまで7～8分ほどしっかり火を通す。
2. つぶ貝はよく洗い、ボールに入れてひたひたくらいの白ワインを加えてラップで密封する。蒸し器で2～3時間半蒸し、よく冷やす。殻から身を抜き、胆とかたい部分を取り、薄くスライスする。
3. 器に②のつぶ貝、①の舞茸、リンゴの順に重ねて盛り付け、EXVオイルと塩をふる。

材　料

仔羊とお野菜のゼリー寄せ

（4人分）

- 仔羊もも肉 …… 100g
- 赤穂の塩（「瀬讃の鹽」で代用可） …… 適量
- 白胡椒 …… 適量
- ほうれん草（葉の部分のみ） …… 8枚
- 人参（5㎜角） …… 40g
- ブロッコリー（5㎜角） …… 40g
- EXVオイル …… 適量

コンソメゼリー

- コンソメ（固形を規定量の湯でもどす） …… 80cc
- 板ゼラチン（水でもどす） …… 3g
- 赤穂の塩（「瀬讃の鹽」で代用可） …… 適量
- 白胡椒 …… 適量
- 白胡椒（粗めにつぶす） …… 少々

アスパラ豆腐

なめことシトロンソミュレの風味

（4人分）

アスパラ豆腐

- グリーンアスパラガス …… 60g
- 木綿豆腐 …… ½丁
- 板ゼラチン …… 3g
- 赤穂の塩（「瀬讃の鹽」で代用可） …… 適量
- 白胡椒 …… 適量

ソース

- なめこ（石づきを取ってほぐす） …… 80g
- シトロンソミュレ（みじん切り） …… 10g
- にんにく（みじん切り） …… ⅓片
- EXVオイル …… 適量

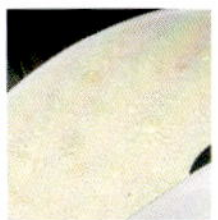

カキのフラン

クリーミーな泡状のソース

（4人分）

フラン

- 帆立貝柱 …… 50g
- カキ …… 40g
- 生クリーム（乳脂肪分38%） …… 50cc
- 卵（卵黄と卵白に分ける） …… 1個
- 赤穂の塩（「瀬讃の鹽」で代用可） …… 適量
- 白胡椒 …… 適量

ソース

- フォンブラン（チキンブイヨンで代用可） …… 100cc
- 生クリーム（乳脂肪分38%） …… 40cc
- ライム …… ½個
- 赤穂の塩（「瀬讃の鹽」で代用可） …… 適量
- 白胡椒 …… 適量

作り方

仔羊とお野菜のゼリー寄せ

1. 羊肉は軽く塩、白胡椒をし、強火のフライパンで表面に焼き色をつけ、ロゼに仕上げる。これを1㎝角に切る。
2. 人参、ブロッコリーをそれぞれ茹で、火が通ったら冷やして水気を切る。①の羊肉と合わせて、塩、胡椒、EXVオイルで軽く和えておく。
3. ほうれん草はさっと茹でて氷水に取り、水気をよく拭き取る。ラップに広げて②をのせ、ラップごと巾着状に包む。
4. コンソメゼリーを作る。コンソメを火にかけゼラチンを加えて溶かし、塩、白胡椒で味を調え、キッチンペーパーで漉して冷ます。
5. ドーム形の型の五分目まで④のコンソメを流し、③の巾着をほうれん草の巻き終わりが上にくるように入れ、さらにコンソメを流して型を満たす。冷蔵庫でよく冷やし固める。
6. 器にあけて盛り、粗めにつぶした白胡椒をふる。

アスパラ豆腐

なめことシトロンソミュレの風味

1. アスパラ豆腐を作る。アスパラガスをやわらかく茹で、氷水に取って水気をよく切る。豆腐と合わせてミキサーにかけ、ピューレ状にする（このピューレを200g使用する）。
2. ①のピューレの一部を鍋で加熱し、ゼラチンを加えて溶かす。これを残りのピューレに戻して、素早く全体を混ぜ合わせる。塩、白胡椒で味を調え、裏ごしする。これを四角い型に流して表面を平らにならし、冷蔵庫で冷やし固める。
3. ソースを作る。シトロンソミュレとにんにくを合わせて、表面がひたるくらいまでEXVオイルを加えマリネする。
4. ボールになめこを入れてラップで密封し、蒸し器で7～10分ほど蒸し、蒸し上がったら③を合わせてよく冷やす。
5. ②のアスパラ豆腐を切り分けて器に盛り、④のソースをかける。

カキのフラン

クリーミーな泡状のソース

1. フランを作る。帆立とカキをフードプロセッサーで細かくし、卵白を加えてさらにフードプロセッサーにかける。これを裏ごしする。
2. ①をボールに移し、氷水にあてながら、生クリーム、卵黄を加えて混ぜ合わせ、塩、白胡椒で味を調え、裏ごしする。
3. ②を器に入れてホイルで蓋をし、蒸し器で5分ほど蒸す。蒸し上がったらよく冷やす。
4. ソースを作る。鍋にフォンブランを入れて熱し、生クリームを加える。塩、白胡椒、ライムの絞り汁で味を調え、カプチーノ状に泡立てる。
5. ③のフランに④のソースをかけ、ライムの皮をすりおろして散らす。

ワンポイントアドバイス　しゃぶしゃぶの湯が沸騰しすぎると、肉の色が変わりパサついてしまうので、沸騰手前の湯（約85℃）にくぐらせてください。

――銀座 ラ トゥール
清水 忠明

白身魚のポワレ

アサリのチャウダーソース仕立て

ロースハムとブロッコリーのキッシュロレーヌ

天然ブリと紅しぐれ大根のシトラスマリネ

ジューシーな白身魚にチャウダーソースをかけました。

もう二皿は、レモン、オレンジ、グレープフルーツなど柑橘類を加えた爽やかなドレッシングでいただくブリと紅大根と、粒マスタードのピリ辛ソースを加えたキッシュです。

材　料

白身魚のポワレ
アサリのチャウダーソース仕立て

（4人分）

魚のポワレ

白身魚の切り身 …… 80g×4切れ
ゲランドの塩 …… 適量
白胡椒 …… 適量
オリーブオイル …… 適量

あさりのだし

オリーブオイル …… 適量
あさり（砂抜きする） …… 500g
白ワイン（辛口） …… 150cc
にんにく …… 小1片

チャウダーソース

オリーブオイル …… 適量
ベーコン（5mm角） …… 2枚
たまねぎ（5mm角） …… 1個
人参（5mm角） …… ½本
にんにく（みじん切り） …… 1片
椎茸（5mm角） …… 5個
緑ズッキーニ（5mm角） …… ½本
赤パプリカ（5mm角） …… ¼個
黄パプリカ（5mm角） …… ¼個
キャベツ（5mm角） …… 3枚
じゃがいも（5mm角） …… 1個
ポロねぎ（5mm角） …… 少々

あさりのだし …… 120cc
ホワイトソース …… 200g
牛乳 …… 200cc
生クリーム（乳脂肪分36%） …… 20cc
塩 …… 適量
白胡椒 …… 適量

きぬさや（筋を除いて茹でる） …… 8枚

天然ブリと紅しぐれ大根のシトラスマリネ

（6人分）

刺身用ブリ …… 16切れ
ゲランドの塩 …… 適量
紅しぐれ大根 …… 16枚
ドレッシング …… 適量
グリーンアスパラガス …… 18本

シトラスマリネ

レモン …… 8房
オレンジ …… 12房
ホワイトグレープフルーツ …… 12房
ルビーグレープフルーツ …… 12房
エストラゴン …… 少々
ドレッシング …… 適量

ジュリエンヌサラダ

紅しぐれ大根（極細千切り） …… 60g
人参（極細千切り） …… 60g

ドレッシング

EXVオイル …… 137cc
塩 …… 2g
レモン汁 …… 16cc

作り方

白身魚のポワレ
アサリのチャウダーソース仕立て

1. あさりのだしを作る。鍋にオリーブオイルとつぶしたにんにくを入れて火にかけ、香りが出たらあさりを入れる。白ワインを加えて火を通し、漉してだしと身に分けておく。
2. チャウダーソースを作る。鍋にオリーブオイルをひき、にんにくを加えて色をつけないようによく炒める。その他の野菜をかたいものから順に加えてソテーする。
3. あさりのだしでのばしたホワイトソースを加え、クラムチャウダーにする。ソースが濃い場合は、牛乳と生クリームでのばし、塩、白胡椒で味を調える。
4. 魚のポワレ作る。白身魚は両面に塩、白胡椒をし、オリーブオイルで皮面から焼く。皮がパリッとしたら裏返して焼き、火を通す。皮面7：裏面3くらいの割合で火を通して焼き上げる。
5. 皿に④のポワレを置き、③のソースをかけてきぬさやを添え、周囲に①で分けておいたあさりを飾る。

天然ブリと紅しぐれ大根のシトラスマリネ

1. ドレッシングを作る。レモン汁に塩を溶かし、EXVオイルを少量ずつ加えながらよくかき混ぜる。
2. ブリにゲランドの塩をふる。
3. 輪切りの紅しぐれ大根を①のドレッシングでマリネしておく。
4. シトラスマリネを作る。レモン、オレンジ、2種のグレープフルーツを合わせて①のドレッシングで和え、エストラゴンを加えておく。
5. ジュリエンヌサラダを作る。紅しぐれ大根と人参を合わせておく。アスパラは塩茹でし、氷水に落として半分に切る。
6. 皿に②のブリと③の輪切りの紅しぐれ大根を交互に重ねて並べ、シトラスマリネをかける。中央にジュリエンヌサラダを高く盛り付け、全体に①のドレッシングをかける。

※「ローストハムとブロッコリーのキッシュロレーヌ」のレシピは77ページです。

ワンポイントアドバイス　魚は皮面7：裏面3の割合で火を通すことで、外側がパリッと、中はジューシーに仕上がります。

銀座　ラ　トゥール
清水　忠明

幼鴨の胸肉のゴマ風味

小さなイチゴと赤ワインソース

ロースハムとブロッコリーのキッシュロレーヌ

天然ブリと紅しぐれ大根のシトラスマリネ

ロゼ色に仕上げた鴨肉に、フルーティーなソースを合わせました。もう二皿は、レモン、オレンジ、グレープフルーツなど柑橘類を加えた爽やかなドレッシングでいただくブリと紅大根と、粒マスタードのピリ辛ソースを加えたキッシュです。

材　料

幼鴨の胸肉のゴマ風味
小さなイチゴと赤ワインソース

（4人分）

- 幼鴨胸肉 …… 2枚
- 塩 …… 適量
- 白胡椒 …… 適量
- 白胡麻 …… 適量
- オリーブオイル …… 適量

ソース

- イチゴリキュール …… 30cc
- 赤ワイン …… 90cc
- エシャロット（みじん切り） …… 2個分
- フォンドヴォー …… 100cc
- バター …… 20g
- 塩・胡椒 …… 各適量
- いちご（ヘタを除く） …… 12個

ポムムースリーヌのグラタン

- じゃがいも …… 3個
- にんにく …… 1片
- 牛乳 …… 100cc
- バター …… 50g
- 卵黄（Mサイズ1個分） …… 20g
- 生クリーム（乳脂肪分36%） …… 20cc
- さやいんげん …… 8本

ロースハムとブロッコリーのキッシュロレーヌ

（φ16cm型1個分）

アパレイユ

- 卵 …… 1個
- 卵黄 …… 1個分
- 生クリーム（乳脂肪分36%） …… 60cc
- 牛乳 …… 60cc

- パイ生地 …… 1枚
- ブロッコリー …… 8房
- ロースハム（3cm角） …… 2枚分
- たまねぎ（スライス） …… ½個分
- ベーコン（短冊切り） …… 適量
- コンソメ（規定量の湯でもどす） …… 50cc
- バター …… 少々
- パルメザンチーズ …… 適量
- セルフィーユ …… 少々

マスタードソースA

- 生クリーム（乳脂肪分45%） …… 60cc
- 粒マスタード …… 40g
- 塩 …… 適量

マスタードソースB

- マヨネーズ …… 20g
- 粒マスタード …… 20g
- 牛乳 …… 50cc
- 塩 …… 適量

作り方

幼鴨の胸肉のゴマ風味
小さなイチゴと赤ワインソース

1. ソースを作る。鍋にエシャロットを炒め、イチゴリキュールを加えて水分がほとんどなくなるまで煮詰める。赤ワインを加えてさらに水分がほとんどなくなるまで煮詰める。
2. フォンドヴォーを加えて、軽くとろみがつくまで煮詰めて漉す。バターを加えてとろみをつけ、塩、胡椒で味を調え、香りづけにイチゴリキュールを数滴ふる（分量外）。
3. いちごをさっとソテーしてソースに浸けておく。
4. 鴨肉は筋などを除き、皮に格子状に細かく切り込みを入れる。両面に塩、白胡椒で下味をつけ、皮の反対面に白胡麻をまぶす。フライパンにオリーブオイルを熱し、皮面から焼く。皮の反対面を焼く際は、胡麻が焦げないように注意する。
5. グラタンを作る。皮をむいたじゃがいもとにんにくを水から茹で、やわらかくなったら一緒に裏ごしする。
6. バターと牛乳を合わせて火にかけ温めて溶かし、⑤の裏ごししたじゃがいもとにんにくに少量ずつ加えて混ぜながら、なめらかなピューレ状にする。
7. 器に⑥のピューレを入れ、卵黄と生クリームを混ぜたものをかけ、表面に焼き色がつくまでオーブンで焼く。
8. ④の鴨肉を180℃のオーブンに入れ、ロゼに仕上げる。7～8mmの厚さにスライスする。
9. 皿に⑧の鴨肉を盛り、③のソースをかけて、炒めたいんげんを飾り、⑦のグラタンを添える。

ロースハムとブロッコリーのキッシュロレーヌ

1. キッシュの台を作る。パイ生地をのばして型に敷き、生地が浮き上がらないように米などで重しをして、180～200℃のオーブンで10分ほど焼き、さらに重しを取り5分ほどから焼きをする。
2. アパレイユを作る。材料をすべてよく混ぜ合わせ、漉しておく。
3. 鍋にバターを溶かし、たまねぎとベーコンを加えて色がつかないようにしんなりするまで炒める。コンソメを加えて水分がなくなるまで煮詰め、塩、胡椒（ともに分量外）で薄めに下味をつける。
4. ①のキッシュの台に③のたまねぎとベーコンを敷き、ロースハムとブロッコリーを並べる。②のアパレイユを流し入れ、180℃のオーブンで30分ほど焼く。表面にパルメザンチーズをふり、表面に焼き色がつくまでさらに焼く。
5. マスタードソースAを作る。八分に泡立てた生クリームに粒マスタードを加え、全体を混ぜ合わせる。塩で味を調える。
6. マスタードソースBを作る。マヨネーズに粒マスタードを加えてよく混ぜ、皿にのばしやすいかたさになるまで牛乳でのばし、塩で味を調える。
7. ④のキッシュを切り分けて皿に盛り、周囲にマスタードソースB、キッシュに添えるようにマスタードソースAをそれぞれ飾り、セルフィーユの葉をあしらう。

※「天然ブリと紅しぐれ大根のシトラスマリネ」のレシピは75ページです。

ワンポイントアドバイス　鴨肉の皮に格子状の切り込みを入れることで、余分な脂を取り除けます。

――TERAKOYA
――間 光男

牛肩ロースのミ・キュイ

ペドロヒメネスヴィネガー風味
雑穀の焼きリゾットと揚げ湯葉添え
ピスタチオソース

TERAKOYA特製オードヴル

――百合根《ゆりね》のパンケーキと
薬膳アンフュジョンを添えて

卵の殻に詰めたロワイヤルと牡蠣《かき》のハーブオイル風味

――菜の花のベニエ添え

雑穀の焼きリゾット、ほうれん草のシュエ、ガルニチュールを重ねた牛ロースのミ・キュイに、ピスタチオソースをかけました。ハーブ風味のカキと、スモークサーモン、生ハム、フォアグラ、赤エビと帆立のオードブルと一緒にどうぞ。

材　料

牛肩ロースのミ・キュイ

ペドロヒメネスヴィネガー風味　雑穀の焼きリゾットと揚げ湯葉添え　ピスタチオソース

（4人分）

ペドロヒメネスヴィネガーソース

エシャロット …… 50g
セロリ …… 12g
オリーブオイル …… 20cc
パセリ …… 3g
赤パプリカ …… 10g
ペドロヒメネスヴィネガー …… 30cc
たまり醤油 …… 20cc
EXVオイル …… 20cc
ドライシェリー …… 小さじ½
マジョラムパウダー …… 2ふり
黒胡椒 …… 10ふり
はちみつ …… 適量

牛肩ロースのミキュイ

牛肩ロース薄切り肉 …… 180g
コンソメ …… 適量
塩 …… 適量
黒胡椒 …… 適量
オリーブオイル …… 適量

雑穀の焼きリゾット

米 …… 150g
黒米 …… 15g
赤米 …… 15g
粟 …… 10g
たまねぎ …… 50g
バター …… 20g
コンソメ …… 250cc
生クリーム（乳脂肪分47%） …… 3cc
パルメザンチーズ …… 10g
塩 …… 適量
黒胡椒 …… 適量

ほうれん草のシュエ

ほうれん草 …… ½パック
バター …… 適量
塩 …… 適量

ピスタチオソース

フォンドヴォー …… 100g
生クリーム（乳脂肪分47%） …… 30cc
ピスタチオペースト …… 5g
ブールマニエ …… 適量
バター …… 適量
塩 …… 適量
白胡椒 …… 2ふり

ガルニチュール

湯葉 …… 適量
人参 …… 適量
おかひじき …… 適量
ビーツ …… 適量
たまねぎ …… 適量
フレンチドレッシング …… 適量
塩 …… 少々
トレハロース …… 少々
揚げ油 …… 適量

作り方

牛肩ロースのミ・キュイ
ペドロヒメネスヴィネガー風味　雑穀の焼きリゾットと揚げ湯葉添え　ピスタチオソース

1. ペドロヒメネスヴィネガーソースを作る。鍋にオリーブオイルを熱し、みじん切りのエシャロットを加えてさっと炒め、みじん切りのセロリを加えて絡め苦みをとばすようにさっと炒める。

2. ①をボールにあけ、丸焼きして皮をむき、みじん切りにしたパプリカ、みじん切りのパセリ、ペドロヒメネスヴィネガー、たまり醤油、ドライシェリー、マジョラム、黒胡椒、EXVオイルを加えて混ぜ合わせ、味を調える。甘みが足りないときは、はちみつを少量加えて調整する。

3. 牛肩ロースのミ・キュイを作る。鍋にコンソメ、塩、黒胡椒、オリーブオイルを合わせて、沸騰しない程度の90℃ほどに熱する。2㎝ほどの食べやすい幅に切った牛肩ロースの薄切りをくぐらせ、レアの状態に火を通し、キッチンペーパーに上げて水気を切る。②のペドロヒメネスヴィネガーソースを絡める。

4. 雑穀の焼きリゾットを作る。米は軽く塩をした湯で5分茹で、ざるに上げておく。黒米、赤米、粟を合わせて、1時間以上水に浸けておく。

5. 鍋にバターを溶かし、みじん切りのたまねぎを加えて炒め、半分くらい火が通ったら④の雑穀を加える。雑穀とたまねぎが合わさったら④の米を加え、全体にバターをなじませる。コンソメを少量ずつ加えながら米の芯が9割なくなるまで、水分をとばしながら煮詰めて、塩、胡椒で味を調える。

6. ⑤に生クリーム、パルメザンチーズを加え、粘りを出すように全体をよく混ぜる。粘りが出てリゾット全体がまとまってきたら、セルクルに詰めて1.5㎝くらいの高さの丸形に抜き、冷蔵庫で冷やし固める。

7. フライパンにオリーブオイル（分量外）を熱し、冷やし固めた⑥のリゾットの両面に焼き色をつける。

8. ほうれん草のシュエを作る。ほうれん草は茎の部分を除き、沸騰した湯で30秒ほどかために茹で、氷水に取って色止めする。フライパンにバターを溶かし、水気を絞ったほうれん草を炒め、塩で味を調える。

9. ピスタチオソースを作る。鍋にフォンドヴォー、生クリーム、ピスタチオペーストを合わせて火にかけ、同量のバターと薄力粉を合わせたブールマニエを加えてとろみをつける。バターを加えてつやとろみを出し、塩、白胡椒で味を調える。

10. ガルニチュールを作る。湯葉は千切りにして170℃の油でからっと揚げる。おかひじき、人参、ビーツは千切りにし、たまねぎは千切りにして水にさらしてから、160℃の油で水分がなくなるまで焦げないようにからっと揚げる。すべて合わせて、フレンチドレッシングで和え、塩、トレハロースを軽くふる。

11. 器に⑦の焼きリゾット、⑧のほうれん草のシュエ、③の牛肩ロースのミ・キュイ、⑩のガルニチュールの順に重ね、周囲に⑨のピスタチオソースを流す。

※「TERAKOYA特製オードヴル」と「卵の殻に詰めたロワイヤルと牡蠣のハーブオイル風味」のレシピは82～83ページです。

ワンポイントアドバイス　リゾットに焼き色をつけるときは、高温で熱して、表面をカリッと焼いてください。

——TERAKOYA
——間 光男

美麗豚のコンフィ

下《しも》仁《に》田《た》葱《ねぎ》の含め煮と
霜降り白菜の
フォンデュと共に
北欧紅茶、サージョンスペシャルのソース

TERAKOYA特製オードヴル
——百合根のパンケーキと
薬膳アンフュジョンを添えて

ツブ貝のウイキョウ風味
——カリフラワーのムースとリンゴのジュレと共に

北欧紅茶が香る美麗豚のコンフィは、下仁田葱と白菜のフォンデュと合わせることで風味豊かな一皿になります。フレンチドレッシングで和えたつぶ貝と、スモークサーモン、生ハム、フォアグラ、赤エビと帆立のオードブルと一緒にどうぞ。

材　料

美麗豚のコンフィ
下仁田葱の含め煮と霜降り白菜のフォンデュと共に 北欧紅茶、サージョンスペシャルソース

(4人分)

美麗豚のコンフィ

美麗豚バラ肉	500g
塩	6g
砂糖	2.5g
サージョンブレンド紅茶葉	2.5g
黒胡椒	適量
クルミオイル	15g

下仁田葱の含め煮

下仁田ねぎ	1本
コンソメ	50cc
ねぎ油	小さじ1
黒胡椒	3粒
塩	適量

白菜のフォンデュ

豚バラ肉の切り落とし	30g
白菜の芯	200g
白菜の葉	100g
米油(なたね油で代用可)	小さじ1
薄口醤油	小さじ2
コンソメ	120cc
ローリエ	½枚
黒胡椒	5粒
砂糖	小さじ½
麦焼酎	大さじ1
コーンスターチ	適量
塩	適量

雑穀のリカントネ

米	110g
黒米	15g
赤米	10g
粟	15g
コンソメ	180cc
長ねぎ	20g
たまねぎ	30g
白醤油	小さじ1
黒胡椒	10ふり
塩	適量
米油(なたね油で代用可)	適量

サージョンブレンドティーのソース

フォンドヴォー	100cc
サージョンブレンド紅茶葉	1.5g
ブールマニエ	適量
バター	適量
塩	適量
ティフィンリキュール	大さじ1

ガルニチュール

湯葉	適量
人参	適量
おかひじき	適量
ビーツ	適量
フレンチドレッシング	適量
塩	少々
トレハロース	少々
カダイフ	適量
油	適量

作り方

美麗豚のコンフィ
下仁田葱の含め煮と霜降り白菜のフォンデュと共に 北欧紅茶、サージョンスペシャルソース

1. 美麗豚のコンフィを作る。豚バラ肉は旨みを閉じ込めるように表面を強火でしっかり焼く。塩、砂糖、粗挽き黒胡椒、紅茶葉をまぶして真空袋に入れ、クルミオイルを加えて封をして、80℃で50分間加熱する。袋から出して、7～8㎜の厚さにスライスする。

2. 下仁田葱の含め煮を作る。下仁田ねぎは9㎝長さに切り、コンソメ、ねぎ油、黒胡椒、塩と一緒に真空袋に入れて封をし、100℃で50分加熱する。

3. 白菜のフォンデュを作る。鍋に米油を熱し、細かい短冊状に切った豚バラ肉を炒める。肉の周囲が白くなったら3㎝ほどの拍子木切りにした白菜の芯を加え、甘みを引き出すようによく炒める。砂糖を加えて火を弱め、薄口醤油を加えて全体を合わせたら、再び火を強めてローリエ、黒胡椒、白菜の葉を加え、焦げないようにしんなりするまで炒める。麦焼酎、コンソメを加え、弱火の圧力鍋で20分蒸し煮にし、さらに20分蒸らす。

4. ③を白菜と煮汁に分け、香草類と豚肉を取り除く。煮汁の半量を鍋にかけ、細かく刻んだ白菜を合わせ、水で溶いたコーンスターチでとろみをつけ、塩で味を調える。

5. 雑穀のリカントネを作る。米、黒米、赤米、粟を合わせてコンソメで炊飯し、冷ましておく。鍋に米油を熱し、みじん切りの長ねぎ、たまねぎを炒める。冷ましておいた米を加えて、パラパラのチャーハン状になるように炒める。塩、白醤油、黒胡椒を加えて味を調える。

6. サージョンブレンドティーのソースを作る。フォンドヴォーに紅茶葉を入れ、5分ほど煮出して漉す。同量のバターと薄力粉を合わせたブールマニエを加えてとろみをつけ、バターでつやととろみをつける。塩で味を調え、ティフィンリキュールで香りをつける。

7. ガルニチュールを作る。湯葉は千切りにし、170℃の油でからっと炒める。人参、ビーツは千切りにし、おかひじきと一緒に、160℃の油で焦げないようにからっと揚げる。すべて合わせてフレンチドレッシングで和え、塩、トレハロースをふる。カダイフは150℃のオーブンできつね色に焼く。

8. 器に④の白菜のフォンデュ、⑤の雑穀のリカントネ、①の美麗豚、②の下仁田ねぎ、⑦のガルニチュールの順に重ねて盛り付け、周囲に⑥のソースを流す。

※「TERAKOYA特製オードヴル」と「ツブ貝のウイキョウ風味」のレシピは82～83ページです。

ワンポイントアドバイス　コンフィを作るときは、旨みを閉じ込めるように、強火でじっくりと焼きます。

材　料

卵の殻に詰めたロワイヤルと牡蠣のハーブオイル風味 菜の花のベニエ添え

（4人分）

ロワイヤル
- 卵 …… 1個
- コンソメ …… 15cc
- 生クリーム（乳脂肪分47%） …… 20cc
- 牛乳 …… 10cc
- 塩 …… 適量
- 白胡椒 …… 少々
- コニャック …… 数滴

牡蠣のハーブオイル風味
- カキ …… 4個
- 日本酒 …… 15cc
- シブレット …… 適量
- ディル …… 適量
- 黒胡椒 …… 少々
- 塩 …… 適量
- フレンチドレッシング …… 適量
- 白醤油 …… 適量

菜の花のベニエ
- 菜の花 …… 4本
- 薄力粉 …… 90g
- コーンスターチ …… 10g
- ビール …… 適量
- 塩 …… 少々

飾り
- セルフィーユ …… 少々
- 赤海苔 …… 少々
- ディル …… 少々

ツブ貝のウイキョウ風味 カリフラワーのムースとリンゴのジュレと共に

（4人分）

ツブ貝
- 磯つぶ貝 …… 4粒
- 薄口醤油 …… 25cc
- 砂糖 …… 11g
- 水 …… 480cc
- 黒胡椒 …… 10粒
- 塩 …… 1.4g
- ローリエ …… 1枚
- ウイキョウ …… 適量
- フレンチドレッシング …… 適量

リンゴのジュレ
- 果汁100%リンゴジュース（クリアータイプ） …… 100cc
- 粉ゼラチン（上記のリンゴジュースで膨潤させておく） …… 2g
- 塩 …… 0.2g
- カルヴァドス …… 1cc

カリフラワーのムース
- 長ねぎ …… 20g
- たまねぎ …… 40g
- バター …… 12g
- コンソメ …… 130cc
- カリフラワー …… 100g
- 八角 …… ¼個
- 牛乳 …… 50cc
- 粉ゼラチン（上記の牛乳で膨潤させておく） …… 5g
- 生クリーム（乳脂肪分47%） …… 15g
- クリームチーズ …… 15g
- アクアビット …… 小さじ1
- 塩 …… 適量
- 白胡椒 …… 適量

飾り
- 赤海苔 …… 少々
- ウイキョウの葉 …… 少々

作り方

ツブ貝のウイキョウ風味
カリフラワーのムースとリンゴのジュレと共に

1. つぶ貝を調理する。つぶ貝はよく洗い、薄口醤油、砂糖、水、黒胡椒、塩、ローリエを合わせた煮汁で20分煮て、煮汁に浸けたまま冷ます。
2. ①のつぶ貝の身を殻から取り出し、くちばしとワタの部分を除き、半分に切る。ウイキョウのみじん切りとフレンチドレッシングで和える。
3. カリフラワーのムースを作る。ぬるま湯に塩と薄力粉（ともに分量外）を加えてよく混ぜ、そば湯状の液体を作り、食べられるくらいの固さまでカリフラワーを茹でる。
4. 鍋にバターと少量の水（分量外）を入れて熱し、水とバターがなじんで白っぽくなったら、みじん切りの長ねぎとたまねぎを入れ、弱火で甘みを引き出すようにじっくり炒める。水分が少なくなってきたら水を加え、焦げないように注意しながら、ねぎの辛みが完全になくなるまで炒める。
5. ④の鍋に③のカリフラワーを加えて軽く合わせたら、コンソメ、八角を加えて弱火で15分ほどじっくり煮る。カリフラワーが押して崩れるくらいに煮えたら、八角を取り除き、生クリーム、クリームチーズを加えて溶かす。一煮立ちしたらミキサーに移して、なめらかになるまでよく回す。
6. あらかじめゼラチンと合わせておいた牛乳を温めてゼラチンを溶かし、⑤のミキサーに加えて、さらによく回す。塩、白胡椒で味を調え、アクアビットで香りづけをする。器に流して、冷蔵庫で冷やし固める。
7. リンゴのジュレを作る。あらかじめゼラチンと合わせておいたリンゴジュースを温めてゼラチンを溶かし、塩で味を調え、カルヴァドスで香りづけをする。容器に流して冷蔵庫で冷やし固める。
8. 冷やし固めた⑥のカリフラワーのムースの上に、②のつぶ貝をのせ、スプーンなどで崩した⑦のリンゴのジュレをかける。素揚げしたウイキョウの葉と、赤海苔をあしらう。

材　料

TERAKOYA特製オードヴル
百合根のパンケーキと薬膳アンフュジョンを添えて

（4人分）

百合根のパンケーキ
- 百合根 …… 50g
- 卵 …… 1個
- 牛乳 …… 100cc
- 生クリーム（乳脂肪分47%） …… 20cc
- 薄力粉 …… 45g
- 塩 …… 1.1g
- ベーキングパウダー …… 1.1g

ノルウェーS-1サーモンのスモークサーモン
- 百合根のパンケーキ …… 4枚
- TERAKOYAオリジナルスモークサーモン …… 4枚
- ケッパー …… 8粒
- ディル …… 少々

鹿児島黒豚の生ハム
- 百合根のパンケーキ …… 4枚
- TERAKOYAオリジナル生ハム …… 4枚
- ピクルス …… 2個
- イタリアンパセリ …… 少々

フォアグラのテリーヌ、溜り醤油と八丁味噌風味
- 百合根のパンケーキ …… 4枚
- TERAKOYAオリジナルフォアグラのテリーヌ …… 4切れ
- TERAKOYAオリジナル八丁味噌ソース …… 適量

甘海老と帆立貝のタルタル、イクラ添え
- 百合根のパンケーキ …… 4枚
- 甘エビ …… 4尾
- 刺身用帆立貝柱 …… 24g
- にんにく（絞り汁） …… 少々
- たまねぎ …… 少々
- ディル …… 少々
- 白ワインヴィネガー …… 適量
- 塩 …… 適量
- 白胡椒 …… 適量
- EXVオイル …… 適量
- イクラ …… 少々

ひとくち薬膳コンソメスープ
- コンソメ …… 1ℓ
- トウキ …… 1g
- オウギ …… 1g
- オウセイ …… 1g
- 黒胡椒 …… 0.6g
- クローブ …… 0.3g
- 塩 …… 適量

作り方

TERAKOYA特製オードヴル
百合根のパンケーキと薬膳アンフュジョンを添えて

1. 百合根のパンケーキを作る。百合根は房をばらして掃除し、15分蒸して熱いうちに裏ごしする。卵、牛乳、生クリーム、薄力粉、塩、ベーキングパウダーと混ぜ合わせ、フッ素樹脂加工のフライパンに薄く流して両面をきつね色に焼き上げる。楕円形のセルクルで抜く。
2. スモークサーモンのオードヴルを作る。スモークサーモンは半分に切ってロール状に巻き、①のパンケーキの上にのせる。ケッパーとディルの葉をあしらう。
3. 生ハムのオードヴルを作る。生ハムはロール状に巻き、①のパンケーキにのせる。ピクルスは縦半分に切り、イタリアンパセリと一緒にあしらう。
4. フォアグラのオードヴルを作る。フォアグラのテリーヌは7㎜ほどの厚さにスライスし、①のパンケーキにのせる、八丁味噌のソースをのせる。
5. 甘エビと帆立のオードヴルを作る。帆立の貝柱は水気をよく拭き取り、包丁の身で叩きつぶしてから包丁で軽く刻む。にんにくの絞り汁、細かいみじん切りにしてしっかり絞ったたまねぎ、みじん切りにしたディル、EXVオイルを加えて、粘りけが出て全体がまとまるまでよく混ぜる。塩、白胡椒、白ワインヴィネガーで味を調える。スプーンで楕円形に形を作り、百合根のパンケーキの上にのせる。甘エビをのせ、イクラとディルの葉をあしらう。
6. 薬膳コンソメスープを作る。材料をすべて容器に入れ、ラップでしっかり蓋をし、蒸し器で1時間蒸す。漢方類を漉して、カップに注ぐ。

卵の殻に詰めたロワイヤルと牡蠣のハーブオイル風味
菜の花のベニエ添え

1. ロワイヤルを作る。材料をすべて混ぜ合わせて漉し、卵の殻に流す。弱火の蒸し器で18分ほど蒸し、粗熱を取って冷蔵庫で冷やす。
2. 牡蠣のハーブオイル風味を作る。鍋にカキと日本酒を入れ、上下を返しながら、8割ほど火を通し、粗熱を取る。カキをみじん切りのディルとシブレット、フレンチドレッシング、白醤油で和え、塩、黒胡椒で味を調える。
3. 菜の花のベニエを作る。菜の花は塩をした湯で1分ほど茹で、氷水に取って色止めをする。薄力粉、コーンスターチ、ビールを混ぜ合わせて衣を作り、水気をよく絞った菜の花をくぐらせて、180℃の油で揚げ、軽く塩をふる。
4. よく冷やした①のロワイヤルに②のカキをのせ、赤海苔とディルをあしらい、③の菜の花のベニエとセルフィーユを添える。

ワンポイントアドバイス　赤海老と帆立のオードヴルのたまねぎは、水分が残ると持ちが悪くだれてしまうので、水分を残さないようにしてください。

―――オー・プロヴァンソー
―――中野 寿雄

豚ヒレ肉のソテー
ストロガノフ仕立て

真ダコと夏野菜の柚子胡椒ドレッシング

1センチの厚さにスライスし、
赤ワインソースでとろみがつくまで煮詰めたヒレ肉のソテーです。
サイドメニューは、さっぱりした柚子胡椒ドレッシングが
アクセントになったサラダです。

材 料

豚ヒレ肉のソテー
ストロガノフ仕立て

（4人分）

豚ヒレ肉のソテー

豚ヒレ肉	400g
塩	少々
白胡椒	少々
パプリカパウダー	少々
薄力粉	少々
オリーブオイル	適量
バター	少々

赤ワインソース

たまねぎ	⅔個
黒胡椒	小さじ1弱
赤ワイン	80cc
赤ポートワイン	80cc
フォンドヴォー	120cc
生クリーム	125cc
バター	25g
塩	少々
白胡椒	少々

付け合わせ

じゃがいも	適量
塩	少々
揚げ油	適量

真ダコと夏野菜の柚子胡椒ドレッシング

（4人分）

真ダコ（塩茹でしたもの）	125g
ズッキーニ	¼本
なす	½個
グリーンアスパラガス	1本
赤パプリカ	¼個
黄パプリカ	¼個
塩	適量
セルフィーユ	少々
オリーブオイル	少々

柚子胡椒ドレッシング

柚子胡椒「山星島﨑」	大さじ½
EXVオイル「アルジェイ」	大さじ1
はちみつ	小さじ½
ディジョンマスタード	大さじ¼
ホワイトバルサミコ「カーサオレアリア」	大さじ½
塩	少々
白胡椒	少々
長ねぎ（白い部分）	⅛本

作り方

豚ヒレ肉のソテー
ストロガノフ仕立て

1. 赤ワインソースを作る。鍋にバターを溶かし、スライスしたたまねぎを甘みが出るまで弱火でよく炒め、粗く砕いた黒胡椒を加える。赤ワイン、赤ポートワイン、フォンドヴォーを加えて、ほとんど煮詰まって泡が大きくなるまで煮詰める。生クリームを加えて一煮立ちさせたら、塩、白胡椒で味を調え漉し器で漉す。
2. 付け合わせを作る。じゃがいもはよく洗って皮と芽を除き、1cm角の棒状にする。低温の油で浮き上がってくるまで揚げてから、高温（180℃）の油できつね色になるまで二度揚げし、軽く塩をふる。
3. 豚ヒレ肉のソテーを作る。豚ヒレ肉は筋と脂肪を取り除き、1cm厚さにスライスする。表面に塩、白胡椒をふり、薄力粉にパプリカパウダーを混ぜたものをまぶす。
4. フライパンにオリーブオイルを熱し、③の豚ヒレ肉の両面に焼き色をつけ、バターを落として香りをつける。
5. ④の豚ヒレ肉と①のソースを鍋に入れて火にかけ、少しとろみが出てくるまで弱火で軽く煮詰める。
6. 器に⑤の肉を盛ってソースをかけ、②のじゃがいもを添える。

真ダコと夏野菜の柚子胡椒ドレッシング

1. 具材の下ごしらえをする。真ダコは2～3cmの乱切りにする。グリーンアスパラガスは根元のかたい茎を切り落として、はかまを取り除き、茎の下半分の皮をピーラーでむく。塩茹でして氷水に取って色止めし、3cm長さの乱切りにする。ズッキーニは4等分に切り分けてから、さらに縦8等分に切り分ける。なすはズッキーニと同じ大きさに切る。赤、黄パプリカは横半分に切ってヘタと種を取り除き、1cm幅のくし形切りにする。
2. フライパンにオリーブオイルをひき、①のズッキーニ、なす、赤、黄パプリカを加えてオイルを絡めながら、弱火で焼き色がつかないように炒め、軽く塩をふる。少ししんなりしてきたらバットにあけて冷ます。
3. 柚子胡椒ドレッシングを作る。ボールに柚子胡椒、はちみつ、白胡椒、ディジョンマスタード、ホワイトバルサミコ、塩を合わせてよく混ぜる。ここにEXVオイルを少量ずつ加えながら、分離しないようにしっかりかき混ぜ、みじん切りの長ねぎを加えて混ぜる。
4. ①の真ダコ、グリーンアスパラガス、②の炒めたズッキーニ、なす、赤、黄パプリカをボールに合わせ、③の柚子胡椒ドレッシングで和える。
5. 器に④を盛り付け、セルフィーユの葉を飾る。

ワンポイントアドバイス ヒレ肉をソースで煮詰める際は、パサパサにならないよう、火を通しすぎず、ロゼに仕上がるようにしてください。

——オー・プロヴァンソー

——中野 寿雄

帆立貝柱のソテー

ランブルスコソースとオクラ

鮎のエスカベッシュと
リーフサラダのレモンソース

外側はこんがり、中はジューシーな帆立貝柱のソテーに
ランブルスコソースをかけました。
サイドメニューは、表面をカリッと仕上げた鮎に、
爽やかなレモンソースを合わせた鮎のエスカベッシュです。

材　料

帆立貝柱のソテー
ランブルスコソースとオクラ

（4人分）

帆立貝柱のソテー
刺身用帆立貝柱 …… 400g
塩 …… 少々
白胡椒 …… 少々
オリーブオイル …… 適量

付け合わせ（オクラ）
オクラ …… 5本
生クリーム …… 大さじ1
長ねぎ …… ⅛本
塩 …… 適量

ランブルスコソース
ランブルスコ …… 375cc
顆粒コンソメ …… 3g
水（顆粒コンソメを溶く） …… 100cc
フォンドヴォー …… 25cc
エシャロット …… ½個
赤ワインビネガー …… 35cc
バター …… 30g
コーンスターチ …… 適量
水（コーンスターチを溶く） …… 適量
バター（仕上げ用） …… 10g

鮎のエスカベッシュとリーフサラダのレモンソース

（4人分）

鮎のエスカベッシュ
鮎 …… 4尾
塩 …… 少々
白胡椒 …… 少々
薄力粉 …… 少々
EXVオイル「アルジェイ」 …… 165cc
にんにく …… 2片
ホワイトバルサミコ「カーサオレアリア」 …… 100cc
水 …… 40cc
塩 …… 小さじ½強
エシャロット …… 2個
タイム …… 1本
ローリエ …… 1枚
ディル …… 少々
ベビーリーフ …… 適量

レモンソース
レモン汁 …… 50cc
コーンスターチ …… 2g
水（コーンスターチを溶く） …… 小さじ1
はちみつ …… 小さじ2強
ディジョンマスタード …… 10g
EXVオイル「アルジェイ」 …… 55cc
塩 …… 少々
白胡椒 …… 少々

作り方

帆立貝柱のソテー
ランブルスコソースとオクラ

1. ランブルスコソースを作る。鍋に赤ワインビネガーを入れて火にかけ、半分の量になるまで煮詰める。ランブルスコ、顆粒コンソメを溶いた水、フォンドヴォー、スライスしたエシャロットを加え、さらに⅓の量になるまで煮詰める。
2. コーンスターチを水で溶き、①に加えて軽くとろみをつける。バターを少量ずつ加えながら、分離しないようによく混ぜ、漉し器で漉す。
3. 付け合わせを作る。オクラはヘタを掃除して塩で板ずりし、表面の産毛を落とす。沸騰した湯で茹でてざるに上げ、1cm幅の小口切りにする。
4. 鍋に③のオクラ、生クリーム、みじん切りにした長ねぎを入れて火にかけ、弱火で煮絡める。
5. ②のソース120ccを鍋に入れ、温まったらすぐに火から下ろす。仕上げ用のバターを加えて余熱で溶かし、もう一度火にかけ再沸騰させる。バターの白っぽい色が消えて赤い色が濃くなったら火から下ろす。※ここで加熱しすぎるとソースが分離するので注意する。
6. 帆立のソテーを作る。帆立貝柱は両面に塩、白胡椒をふる。フライパンにオリーブオイルを熱し、強火で帆立貝柱の両面に焼き色をつけ、ぷりっとした半生の食感に焼き上げる。
7. 器に⑤のソースを敷き、⑥の帆立貝柱のソテーを並べる。帆立貝柱の上に④のオクラをのせる。

鮎のエスカベッシュとリーフサラダのレモンソース

1. 鮎はうろことえらを取り除き、水気をよく拭き取る。両面に塩、白胡椒をふり、全体に薄力粉を薄くまぶす。中温の油（分量外）で5分ほど揚げてから、高温の油（分量外）で表面がカリッとするまで二度揚げする。
2. 鍋にEXVオイル、芽を除いたにんにくを入れて中火にかけ、にんにくの縁がきつね色になるまでゆっくり加熱して火から下ろす。粗熱が取れたら5mm幅にスライスしたエシャロット、ホワイトバルサミコ、水、塩、タイム、ローリエを加えて再び火にかける。再沸騰したらアクを取り、弱火にして15分煮込む。
3. ①の鮎を②に漬け込み、冷蔵庫で1日寝かせる。※鮎は揚げたての熱い状態で、熱い②の中に漬ける。
4. レモンソースを作る。鍋にレモン汁を入れて火にかけ、沸騰したら水に溶いたコーンスターチでとろみをつける。漉し器で漉し、氷水にあてすぐに冷ます。
5. ④にはちみつ、ディジョンマスタード、塩を加えてよく混ぜ合わせる。ここにEXVオイルを少量ずつ加えながら、分離しないようにしっかりかき混ぜ、塩、白胡椒で味を調える。
6. 1日漬け込んだ③の鮎を半分に切って器に盛り、一緒に漬けたエシャロットをあしらう。ディルの葉、ベビーリーフを添え、⑤のレモンソースをかける。

ワンポイントアドバイス　帆立への塩、胡椒は焼く直前にふってください。早めにふると水が出てしまいます。

——ル・マンジュ・トゥー

——谷 昇

豚バラ肉のカルボナード

ブーケレタスのブレゼ添え

とうもろこしのスープ——クロックムッシュ添え

塩漬けにした豚肉を濃厚なソースで煮詰め、
やわらかいレタスと合わせたブレゼです。
クリーミーなとうもろこしのスープと
マスタードとプロシュートを包んだクロックムッシュを添えました。

材　料

豚バラ肉のカルボナード
ブーケレタスのブレゼ添え

（4人分）

豚バラ肉のカルボナード
- 豚バラ肉 …… 500g
- 塩（塩漬け用） …… 5g
- 白胡椒（塩漬け用） …… 少々
- グラニュー糖（塩漬け用） …… 5g
- バター …… 6g
- たまねぎ …… 130g
- 固形ブイヨン …… 1/6個
- 水（固形ブイヨンを溶かす量） …… 50cc
- グラニュー糖 …… 5g
- 強力粉 …… 5g
- 水 …… 適量
- ベルギービール「シメイレッド」 …… 500cc
- フォンドヴォー …… 330cc
- バター（仕上げ用） …… 10g
- ベルギービール「シメイレッド」（仕上げ用） …… 少々
- 黒胡椒（仕上げ用） …… 少々

ブーケレタスのブレゼ
- ブーケレタス …… 1個
- バター …… 24g
- 水 …… 適量
- 塩 …… 適量

とうもろこしのスープ
クロックムッシュ添え

（4人分）

とうもろこしの冷製スープ
- とうもろこし（皮つきのもの） …… 1本
- バター …… 30g
- 水 …… 500cc
- 塩 …… 少々

クロックムッシュ
- サンドウィッチ用食パン …… 4枚
- バター …… 適量
- ディジョンマスタード …… 適量
- グリュイエールチーズ …… 大さじ1
- プロシュート …… 2枚

作り方

豚バラ肉のカルボナード　ブーケレタスのブレゼ添え

1. 豚肉を塩漬けにする。塩、白胡椒、グラニュー糖を混ぜ合わせ、豚バラ肉の表面にすり込む。ラップで包み冷蔵庫内で1週間寝かせる。
2. 熱したフライパンに①の塩漬けにした豚バラ肉を脂の面を下にしてのせ、弱火～中火で焦がさないように焼きながら脂を落とす。脂が抜けたら強火にして焼き色をつけ、フライパンに残った余分な脂を捨てて豚肉を裏返し、反対面も焼き色をつける。
3. 鍋にバターを溶かし、薄切りにしたたまねぎを弱火でゆっくり炒める。水分がとんで香ばしいあめ色になったら、固形ブイヨンを溶いた水を加えて、さらに水分がなくなるまで煮詰める。グラニュー糖を加えてよく混ぜ、さらに強力粉を加えて軽く炒めたら、少量の水を加えてのばし、ベルギービール、フォンドヴォーを加えて全体をなじませる。
4. ②の豚バラ肉を入れて落とし蓋をして中火で3時間煮る。途中で水分が少なくなったら、適宜水を加える。豚バラ肉に竹串がすっと通るやわらかさになったら火を止め、そのまま室温になるまで冷ます。豚バラ肉を取り出して冷蔵庫で冷やし、4cm幅に切る。
5. ④の残った煮汁を漉し器で漉し、とろみが出てくるまで煮詰める。塩で味を調え、仕上げ用のベルギービールを加えて香りをつける。仕上げ用のバターを別の鍋に溶かし、香ばしい香りが出るまで焦がして煮汁に加え、分離しないように一気にかき混ぜる。
6. ブーケレタスのブレゼを作る。ブーケレタスは芯ごと縦に4等分に切る。フライパンにバターを溶かしてレタスを入れ、すべての面に強火で焼き目をつける。水を加えて軽く塩で味を調え、水分がほとんどなくなってレタスがしんなりするまで強火で煮詰める。
7. 器に⑥のブーケレタスのブレゼを敷き、温めた豚バラ肉をのせる。⑤のソースをかけ、粗く砕いた黒胡椒を散らす。

とうもろこしのスープ　クロックムッシュ添え

1. とうもろこしの冷製スープを作る。とうもろこしは皮ごと沸騰した湯に入れ、15分茹でる。茹で上がったら皮を取り除き、実を芯からはずす。
2. 鍋に①のとうもろこし、水、バターを入れて火にかけ、塩で味を調え、沸騰したら火から下ろす。
3. ②をミキサーにかけ、とうもろこしの形が完全になくなるまで5分ほどしっかりと回し、目の細かい漉し器で漉す。粗熱を取って、冷蔵庫で冷やしておく。
4. クロックムッシュのプレスを作る。サンドウィッチ用食パンの片面に、2枚はバター、2枚はディジョンマスタードをそれぞれ薄く塗る。バターを塗った食パンとディジョンマスタードを塗った食パンでプロシュートを挟む。
5. ④を袋に入れてまな板などに挟んで押し、できるだけ薄くなるようにのばす。
6. 薄くのばした⑤の食パンの表面におろしたグリュイエールチーズをふり、表面に焼き目がつくまでオーブントースターなどで焼く。端を切り落として半分に切り分ける。
7. 冷やしておいた③のとうもろこしのスープを器に注ぎ、⑥のクロックムッシュを添える。

ワンポイントアドバイス　豚肉を塩漬けにする際、真空包装機があれば、入れて脱気してください。

——ル・マンジュ・トゥー
——谷 昇

真鯛のポワレ

鮎魚醤《あゆぎょしょう》とオリーブの香り

冷製焼き茄子トマトのコンソメ

——ルイユソース

昆布のソースと、オクラと枝豆のジェノベーゼ風味がマッチした鯛のポワレです。
サイドメニューは、
酸味のきいたトマトスープをかけた冷製焼きなすです。

材 料

真鯛のポワレ

鮎魚醤とオリーブの香り

（4人分）

真鯛のポワレ

真鯛 …… 320g
塩 …… 少々
オリーブオイル …… 適量
レモン汁 …… 少々

昆布のソース

昆布 …… 3g
水 …… 200cc
鮎魚醤 …… 小さじ½弱
コーンスターチ …… 少々
水（コーンスターチを溶く） …… 少々
EXVオイル「Kiyoe®」 …… 少々

オクラと枝豆のジェノベーゼ風味

オクラ …… 12本
枝豆 …… 40粒
ジェノベーゼソース「ドゥルイ」 …… 小さじ1
塩 …… 少々

冷製焼き茄子トマトのコンソメ

ルイユソース

（4人分）

トマトのコンソメ

完熟トマト（Mサイズ） …… 15個
水 …… 200cc
塩 …… 少々
グラニュー糖 …… 少々
（トマトの甘みが足りない場合）

焼き茄子

なす …… 4個
トマトのコンソメ …… 300cc
板ゼラチン …… 3g

ルイユソース

卵黄 …… 1個分
にんにく …… 1.5片
EXVオイル「Kiyoe®」 …… 50cc
サフラン …… 少々
パプリカパウダー …… 少々
カイエンヌペッパー …… 少々
塩 …… 少々
黒胡椒 …… 少々
イエローミニトマト …… 8個

作り方

真鯛のポワレ　鮎魚醤とオリーブの香り

1. 真鯛のポワレの下準備をする。真鯛は三枚におろして中骨を取り除き、7〜8㎝幅に切る。軽く塩をふって冷蔵庫で一晩おく。
2. 昆布のソースを作る。昆布を水に浸して冷蔵庫で一晩おく。火にかけて沸騰したらごく弱火で5分間煮て漉す。火にかけ、鮎魚醤で香りをつけ、コーンスターチを水に溶いて加え、とろみをつける。
3. オクラと枝豆のジェノベーゼ風味を作る。枝豆は茹でて外皮、薄皮をむき、軽く塩をふっておく。オクラは塩で板ずりし表面の産毛を除いてから茹でて、3㎜幅の輪切りにする。オクラとジェノベーゼソースをボールに入れ、粘りけが出てひとまとまりになるまでかき混ぜ、塩で味を調える。
4. 真鯛のポワレを仕上げる。フライパンにオリーブオイルを熱し、①の真鯛を皮を下にして入れ、裏返さずに弱火で焼く。上になっている真鯛の身の表面に火が通り、透明感の残る肌色になったら、レモン汁をかけ、火から下ろす。
5. 器に③のオクラを敷き、④の真鯛をのせる。まわりから②の昆布のソースを静かに注ぎ、③の枝豆を散らし、EXVオイルをかける。

冷製焼き茄子トマトのコンソメ　ルイユソース

1. トマトのコンソメを作る。トマトと水をミキサーに入れ、トマトの果肉の感触が残る程度回し、塩、グラニュー糖で味を調える。そのまま半日冷蔵庫に置き、果肉の部分が沈殿するまで落ち着かせる。
2. 深い容器の上にざる、キッチンペーパー、さらしの順に重ね、①のトマトを上澄みから少量ずつ注いで、透明な汁だけを漉す。
3. 焼きなすを作る。200℃に熱したオーブンになすを入れ、皮の表面が乾いてしんなりしてきたら、オーブンから出して皮をむく。
4. ③の焼きなすを鍋に入れ、②のトマトのコンソメを入れて落とし蓋をし、弱火で30分煮る。そのまま室温まで冷まし、なすを取り出してバットに並べる。残った煮汁に少量の水（分量外）でもどしておいた板ゼラチンを加えて火にかける。ゼラチンが溶けたらなすにかけ、冷蔵庫で冷やし固める。
5. ルイユソースを作る。サフランは電子レンジに30秒ほど加熱して乾燥させ、スプーンの背でつぶして粉状にする。ボールに卵黄、すりおろしたにんにく、粉状にしたサフラン、パプリカパウダー、カイエンヌペッパー、塩、黒胡椒をよく混ぜ合わせ、EXVオイルを少量ずつ加えながら、かき混ぜ、マヨネーズ状にする。
6. 器に冷やし固めた④の焼きなすを盛り、②のトマトのコンソメを注ぐ。焼きなすの上に線を引くように⑤のルイユソースをかけ、半分に切ったイエローミニトマトを飾る。

ワンポイントアドバイス　ルイユソースを作る際、分離しないようしっかりかき混ぜてください。

和食

賛否両論

笠原 将弘
Masahiro Kasahara

分とく山

野崎 洋光
Hiromitsu Nozaki

正月屋吉兆

丸山 芳紀
Yoshinori Maruyama

賛否両論
笠原 将弘

平目の南蛮漬け
わかめムース
いろいろお豆の海苔チーズ和え
黒糖風味の肉じゃが
れんこんのすりながし汁

黒糖で甘くまろやかに仕上げた肉じゃがと、磯香るわかめムースをかけた平目の南蛮漬け、海苔の佃煮とチーズで和えたそら豆など、食欲をそそるおかずプレートです。

材　料

平目の南蛮漬け
わかめムース

（4人分）

平目切り身	300g
塩	少々
片栗粉	適量
たまねぎ	½個
千鳥酢	180cc
水	120cc
薄口醤油	大さじ2
砂糖	大さじ1
だし昆布	5g
揚げ油	適量

わかめムース

生わかめ	150g
太白胡麻油	25cc
薄口醤油	大さじ½
みりん	大さじ½
柚子胡椒	少々
塩	適量
万能ねぎ	少々
紅たで	少々

いろいろお豆の海苔チーズ和え

（4人分）

そら豆	100g
スナップえんどう	100g
さやいんげん	100g
太白胡麻油	大さじ1
塩	適量
海苔の佃煮	100g
マスカルポーネチーズ	100g
白胡麻	少々

だし〈A〉（作りやすい量）

水	1ℓ
だし昆布	10g
花かつお	30g

黒糖風味の肉じゃが

（4人分）

三元豚ロース肉薄切り	300g
新じゃがいも	400g
たまねぎ	1個
だし〈A〉	600cc
酒	120cc
濃口醤油	40cc
黒糖	40g
万能ねぎ	少々
黄柚子	少々
太白胡麻油	少々

作り方

平目の南蛮漬け　わかめムース

1. 平目の南蛮漬けを作る。千鳥酢、水、薄口醤油、砂糖、だし昆布を鍋に合わせて一煮立ちさせ、冷めたら薄くスライスしたたまねぎを浸しておく。
2. 平目は1㎝厚さに切り、軽く塩をふって片栗粉をまぶす。180℃の油で2分ほどカリッと揚げ、よく油を切って、熱いうちに①に入れて、一晩漬ける。
3. わかめムースを作る。生わかめは水にさらしてから水気を切り、ミキサーにかけてペースト状になるまでよく回す。その他の調味料を加えてさらにミキサーにかけ、全体がよくなじんでひとまとまりになるまでよく回す。
4. 器に②の南蛮漬けを盛り、③のわかめムースを添え、小口切りの万能ねぎと紅たでを散らす。

いろいろお豆の海苔チーズ和え

1. そら豆はさやからはずして皮をむき、スナップえんどうは筋を取り、さやいんげんはヘタを取る。塩をした湯で歯ごたえが残る程度に1～1分30秒ほど茹で、氷水に取る。水気を切り、スナップえんどうは斜めに½、いんげんは⅓の長さに切る。
2. 海苔の佃煮とマスカルポーネをよく混ぜる。
3. ①に太白胡麻油と塩を絡め、②で和える。
4. 器に盛り、白胡麻をふる。

だし〈A〉

1. だし昆布を1時間ほど水に浸けてから火にかけ、湯気が上がるくらい（70℃くらい）になったら昆布を取り出す。
2. 沸騰したら花かつおを入れて火を止め、2～3分おいてから漉す。

黒糖風味の肉じゃが

1. 太白胡麻油をひいたフライパンを強火にかけ、豚肉を入れてほぐし炒める。豚肉の脂が出て肉がピンク色になったら、いったんフライパンから上げておく。
2. ①のフライパンに、洗って一口大に切った新じゃがいも、芯を取って1㎝幅にスライスしたたまねぎを入れ、肉の脂を吸わせるように強火で炒めながら、表面に軽く焼き色をつける。
3. ②にだし、酒、黒糖を加え、アルミホイルで落とし蓋をし、強火で10分ほど煮る。
4. 新じゃがいもがやわらかくなったら、①の豚肉をフライパンに戻して濃口醤油を加え、全体を合わせながら水分がなくなるまで煮絡める。
5. 器に盛り付け、小口切りの万能ねぎと、おろした黄柚子の皮を散らす。

※「れんこんのすりながし汁」のレシピは99ページです。

ワンポイントアドバイス　肉じゃがのじゃがいもは、表面に軽く焼き色をつけると、煮崩れしません。

——賛否両論
——笠原 将弘

牛肉だんご梅あんかけ
サバのトマト味噌煮
焼き茄子と葛打ち海老の煮こごり

れんこんのすりながし汁

おかずプレートは、トマトと生姜と味噌で煮詰めたサバと、
甘辛い梅あんをかけたジューシーな牛肉だんご、
だし汁で作ったジュレをかけた焼きなすとエビの煮こごりです。
ごはんに合う和食プレートです。

材　料

牛肉だんご梅あんかけ

（4人分）

牛肉だんご

元気牛挽肉	250g
たまねぎ	250g
塩	小さじ½
砂糖	大さじ½
濃口醤油	大さじ½
酒	大さじ½
コーンスターチ	大さじ½
黒胡椒	少々

梅あん

だし〈A〉	250cc
濃口醤油	25cc
みりん	25cc
砂糖	大さじ½
千鳥酢	大さじ1
梅干し	2½個
片栗粉	適量
長ねぎ（白い部分）	少々

サバのトマト味噌煮

（4人分）

サバ	½尾
太白胡麻油	大さじ½
トマト	½個
生姜（すりおろし）	小さじ½
水	100cc
酒	50cc
みりん	50cc
江戸甘味噌	15g
薄口醤油	小さじ2
かいわれ大根	少々

焼き茄子と葛打ち海老の煮こごり

（4人分）

長なす	1個
エビ	4尾
塩	少々
片栗粉	適量
だし〈A〉	500cc
薄口醤油	50cc
みりん	50cc
粉ゼラチン	6g
とんぶり	少々

作り方

牛肉だんご梅あんかけ

1. 牛肉団子を作る。たまねぎはすりおろし、さらしに包んで水分をしっかり絞る。その他の材料すべてと合わせて、粘りけが出て白っぽくなるまでよくこねる。
2. ①のたねを一口大のだんごに丸めて塩（分量外）を加えた湯に落とし、浮かんでくるまで茹で、ざるに上げておく。
3. 梅あんを作る。鍋にだし、濃口醤油、みりん、千鳥酢、砂糖、種を取って包丁で叩いた梅干しを合わせて火にかけ、煮立たせる。
4. ③の鍋に②の牛肉だんごを入れ、アクを取りながら2～3分煮て、水溶き片栗粉でとろみをつける。
5. 長ねぎを7cm長さの細い千切りにして水にさらし、白髪ねぎにする。④の肉だんごを器に盛り、白髪ねぎをあしらう。

サバのトマト味噌煮

1. サバは三枚におろして中骨を抜く。皮面に5mm間隔で、中骨と垂直の方向に浅く切り込みを入れ、切り込みと同じ方向に、2cm幅に切り分ける。フライパンに太白胡麻油を熱し、サバの皮面を軽く焼き色がつくまで焼く。裏返して身の面もさっと焼き、いったんフライパンから上げておく。
2. フライパンの油を拭き取り、水、酒、みりん、江戸甘味噌、薄口醤油を合わせて一煮立ちさせ、①のサバを入れる。アルミホイルで落とし蓋をし、中火で10分ほど煮る。
3. ②のフライパンにヘタを取って1cm角に切ったトマトと生姜を加え、再びアルミホイルで落とし蓋をし、煮汁が少し残るくらいまで煮詰める。
4. 器に盛り付け、かいわれ大根をあしらう。

焼き茄子と葛打ち海老の煮こごり

1. 長なすはヘタを取って直火にかけ、身がやわらかくなるくらいまで、全面をしっかり焼く。手に水をつけながら、熱いうちに皮をむき、2cm幅に切る。
2. 鍋にだし、薄口醤油、みりんを合わせて一煮立ちさせ、①のなすを入れてだしごと冷やす。
3. ②のだし汁180ccに、大さじ1の水（分量外）でふやかした粉ゼラチンを加えて火にかけ溶かし、冷やし固める。
4. エビは殻をむいて背ワタを取り、片栗粉をまぶして塩をした湯で茹で、氷水に取る。
5. 器に②のなすと④のエビを盛り付け、崩した③の煮こごりをかけて、とんぶりをあしらう。

※「れんこんのすりながし汁」のレシピは99ページです。

ワンポイントアドバイス　焼きなすの皮は、水に浸けすぎると、なすの旨みが抜けてしまうので、手早くむいてください。

――賛否両論
笠原 将弘

炙《あぶ》り鶏と新ごぼうの親子丼

れんこんのすりながし汁

あぶった香ばしい鶏肉と
歯ごたえのあるごぼうがおいしい親子丼です。
信州味噌が、すりおろしたれんこんの味を
引き立てるすりながし汁と一緒にどうぞ。

材料

炙り鶏と新ごぼうの親子丼
（4人分）

鶏もも肉	200g
長ねぎ	40g
新ごぼう	40g
卵	8個
だし〈A〉	480cc
濃口醤油	120cc
みりん	120cc
ごはん	適量
三つ葉	適量

れんこんのすりながし汁
（4人分）

だし〈A〉	1ℓ
信州味噌	45g
薄口醤油	少々
みりん	少々
れんこん	100g
長ねぎ	1本
椎茸	4個
水菜	¼束
黄柚子	少々

作り方

炙り鶏と新ごぼうの親子丼

1. 鶏肉の皮目を直火にかけ、しっかり焼き色をつけ、一口大のそぎ切りにする。
2. 鍋にだし、醤油、みりんを合わせ、①の鶏肉とささがきにしたごぼうを入れて火にかけ、火が通るまで煮る。
3. ②に薄切りの長ねぎを加えてさっと煮て、溶き卵を2回に分けて回し入れ、半熟の状態で火から下ろす。
4. 器にごはんを盛り、③をかけて、1cm幅に切った三つ葉を散らす。

れんこんのすりながし汁

1. 鍋にだしと、薄切りの長ねぎ、軸を取って薄切りにした椎茸を入れて火にかけ、煮立ったら信州味噌を溶き入れる。
2. ①にすりおろしたれんこん、3cm幅に切った水菜を加え、とろみが出たら薄口醤油とみりんで味を調える。
3. 器によそい、千切りにした柚子の皮をあしらう。

ワンポイントアドバイス　鶏肉の皮目を直火にかけ焼き色をしっかりとつけることで、香ばしく仕上がります。

――分とく山
――野崎 洋光

『分とく山』御膳

里芋利休寄せ／金目鯛利休焼き
蓬麩《よもぎぶ》照焼／雑魚大豆御飯／蕗《ふき》のキャラ煮
玉子焼／炒り菜御飯／鰆《さわら》西京焼き
南京《ナンキン》博多寄せ／海老のしそ揚げ
鮭混ぜ御飯／ローストビーフ／烏賊《いか》鳴門巻《なるとまき》
蓮根 海老 山椒揚げ／鶏味噌松風

魚、野菜、肉など、様々な食材をふんだんに盛り込んだ、豪華な和食の４皿プレートです。

材　料

里芋利休寄せ
（6人分）

里芋	200g
だし	300cc
みりん	大さじ1
酒	大さじ1
薄口醤油	小さじ¼

利休寄せのベース

水	100cc
だし	100cc
調整豆乳	250cc
砂糖	20g
濃口醤油	大さじ1
練り黒胡麻	70g
粉寒天	4g
粉ゼラチン	5g

黄身酢　(作りやすい分量)

卵黄	5個分
砂糖	大さじ2
酢	大さじ2
薄口醤油	小さじ1

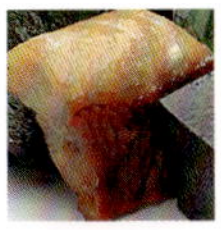

金目鯛利休焼き
（6人分）

金目鯛	50gくらいの切り身4切れ
濃口醤油	¼カップ
みりん	¼カップ
酒	¼カップ
練り白胡麻	¼カップ

蓬麩照焼
（6人分）

蓬麩	½本
薄力粉	適量
サラダ油	大さじ2
みりん	大さじ4
酒	大さじ4
濃口醤油	小さじ2

雑魚大豆御飯
（6人分）

大豆	50g
じゃこ	40g
白胡麻	大さじ3
薄口醤油	20cc
ごはん	適量

作り方

里芋利休寄せ

1. 里芋は皮をむいて4等分に切り、米のとぎ汁（分量外）を加えた湯でやわらかく茹でて、水にさらす。だし、みりん、酒、薄口醤油を合わせた煮汁で茹でる。
2. 利休寄せのベースを作る。粉ゼラチンは規定量の水でふやかしておく。その他の材料をすべて鍋に入れて火にかけ、2分ほど木べらで練る。ふやかした粉ゼラチンを加え溶かし、火から下ろして冷ます。
3. 水気を切った①の里芋を流し缶に入れ、よく混ぜた②を流し入れ冷やし固める。
4. 黄身酢を作る。材料をすべてボールに合わせて湯煎にかける。よく混ぜてとろみがついてきたら湯煎からはずして冷まし、裏ごしする。
5. 切り分けた③の利休寄せに、④の黄身酢をかける。

金目鯛利休焼き

1. 濃口醤油、みりん、酒、練り白胡麻をよく混ぜ合わせ、金目鯛を漬け20分おく。
2. 汁気を切った①の金目鯛の両面を焼く。七分ほど火が通ったら裏返し、はけで漬け汁を塗り、乾いたらまた塗るを、2～3回繰り返して焼き上げる。

蓬麩照焼

1. 蓬麩の両面に薄く薄力粉をつける。フライパンにサラダ油をひき、蓬麩の両面に焼き色がつくまで焼く。
2. ①のフライパンの余分な油を拭き取り、みりん、酒、濃口醤油を合わせた調味液を加え、煮汁が⅓くらいの量になるまで強火で煮る。

雑魚大豆御飯

1. 大豆は500ccの水に一晩浸けてざる切りし、ひたひたの水と一緒に鍋に入れ強火にかける。沸騰したらアクを引いて中火に落とし、歯ごたえを残して15分茹でざるに上げる。粗熱が取れたら粒が残るように粗めに刻む。
2. 白胡麻は低温からからいりし、プチッとした歯ごたえが出るまで炒める。
3. ①の大豆とじゃこをフライパンに入れ、水分がとんでカリッとするまで炒めて②の胡麻を合わせる。薄口醤油を加えて味を調える。※じゃこの塩分が強い場合は、薄口醤油の量を加減する。
4. ごはんに③を混ぜ込み、俵形に抜く。

ワンポイントアドバイス　大豆とじゃこを炒めるときは、水分をしっかりとばしてください。日持ちもしますし、作り置きもできます。

材　料

海老のしそ揚げ

（6人分）

- エビ　6本
- 大葉　3枚
- 塩　少々
- 薄力粉　少々
- 揚げ油　適量

天衣

- 薄力粉　50g
- 水　100cc

鮭混ぜ御飯

（6人分）

- 甘塩鮭　100g
- かつお節　5g
- 焼き海苔　½枚
- 炒り白胡麻　大さじ1
- サラダ油　小さじ2
- 濃口醤油　小さじ1
- ごはん　適量

ローストビーフ

（6人分）

- 牛もも肉　300g
- 塩　少々
- 黒胡椒　少々
- 無塩トマトジュース　½カップ
- 濃口醤油　¼カップ
- 酒　¼カップ
- 粉山椒　適量
- 長ねぎ　1本
- 大葉　10枚
- 生姜　30g
- 水あめ　大さじ1～2
- サラダ油　適量

烏賊鳴門巻

（6人分）

- するめいか　1杯
- 海苔　1枚
- 水　大さじ4
- 酒　大さじ4
- 砂糖　大さじ1
- 濃口醤油　大さじ1½

蓮根 海老 山椒揚げ

（6人分）

- れんこん　100g
- 無頭エビ　8本
- 塩　少々
- 山椒の佃煮　小さじ2
- 薄力粉　適量
- 揚げ油　適量

天衣

- 薄力粉　50g
- 水　100cc

鶏味噌松風

（6人分）

- 鶏挽肉　300g
- 赤味噌　50g
- 砂糖　大さじ3
- 卵　2個
- 薄力粉　30g
- 山芋　30g
- 濃口醤油　大さじ1
- けしの実　適量
- 卵白　1個分

作り方

ローストビーフ

1. 牛もも肉は塩、黒胡椒をふり20分おく。フライパンにサラダ油をひき、強火で表面に焼き目をつけ、熱湯にさっと通して余分な塩と脂を落とす。
2. 鍋に無塩トマトジュース、濃口醤油、酒、粉山椒を合わせ、みじん切りの長ねぎ、大葉、生姜を加えて火にかけ、一煮立ちさせる。
3. ジッパー付きの耐熱性密閉袋に①の牛もも肉と②の調味液を入れ、空気を抜きながら袋の口を閉じる。鍋に湯を沸かして袋ごと入れ、泡がゆっくりと上がるくらいの火加減で5分煮て火を止め、そのまま冷ます。
4. ③の肉を取り出し、残りの調味液をフライパンに移して火にかける。1割ほど煮詰めたら水あめを加えて味を調える。
5. 切り分けた④の肉に煮汁をかける。

烏賊鳴門巻

1. するめいかは皮をむいて内臓を取り除き、洗って水気を拭き取る。身を開いて上下を切り取り、縦方向に5mm間隔の切り目を入れる。
2. ①のするめいかの切り目を入れていない面に海苔をのせ、切り目と垂直の方向に巻き込み、たこ糸で縛る。
3. 鍋に水、酒、砂糖、濃口醤油を合わせ、②のするめいかを入れて火にかける。 沸騰したら1～2分煮てするめいかを取り出し、煮汁だけを2割ほど煮詰めてするめいかを戻し、煮汁を煮絡める。
4. たこ糸をはずして1cm幅の輪切りにする。

蓮根 海老 山椒揚げ

1. れんこんは皮をむいて5mm厚さにスライスし、水にさらしてアクを抜く。
2. 無頭エビは殻をむいて背ワタを取り除き、薄い塩水で洗って水気を拭き取る。包丁で叩いてからすり鉢でよくすり、山椒の佃煮を加えてよく混ぜる。
3. 水気を拭き取った①のれんこんの表面に薄力粉をつけ、②のエビをのせて平らにのばし、もう1枚のれんこんで挟む。
4. 天衣を作る。水に薄力粉を加えて混ぜる。
5. ④の天衣に③をくぐらせ、170℃の油で火が通るまで揚げる。

鶏味噌松風

1. 鶏挽肉の半分の量を、熱湯にくぐらせてざるに上げ冷ます。冷めたら残りの鶏挽肉、赤味噌、砂糖、卵、薄力粉、おろした山芋、濃口醤油を加えてよく混ぜ合わせ、流し缶に流し入れる。
2. ①を蒸気の上がった蒸し器に入れ、中火で20～25分蒸し火を通し、冷ましておく。
3. 粗熱が取れた②の表面に卵白を塗り、けしの実をふって、表面をオーブンなどで焼く。冷めたら切り分ける。

材 料

蕗のキャラ煮

(6人分)

- 蕗 …… 2本
- 塩 …… 適量
- 炒り白胡麻 …… 大さじ1
- サラダ油 …… 小さじ2
- 濃口醤油 …… 大さじ2
- 酒 …… 大さじ3
- 砂糖 …… 大さじ1

玉子焼

(6人分)

- 卵 …… 3個
- 水 …… 大さじ4
- 薄口醤油 …… 小さじ½
- ベーコン …… 35g

炒り菜御飯

(6人分)

- 小松菜 …… 100g
- 胡麻油 …… 小さじ2
- 薄口醤油 …… 小さじ1
- 炒り白胡麻 …… 小さじ1
- ごはん …… 適量

鰆西京焼き

(6人分)

- 鰆 …… 切り身2枚
- 塩 …… 小さじ1

味噌床

- 西京味噌 …… 200g
- 酒 …… 小さじ1
- みりん …… 小さじ2

南京博多寄せ

(6人分)

- かぼちゃ …… 500g
- ズッキーニ …… 1本
- 人参 …… 1本
- 揚げ油 …… 適量

かぼちゃペースト

- かぼちゃ …… 340g
- 薄口醤油 …… 小さじ2
- 生クリーム …… 小さじ2
- 黒胡麻 …… 20g
- 砂糖 …… 20g

作り方

蕗のキャラ煮

1. 蕗は茹でやすい長さに切って塩ずりし、熱湯で3～4分色よく茹でてアクを抜く。冷水に取り、粗熱が取れたら皮をむいて4cm長さに切り分ける。
2. フライパンにサラダ油をひいて①の蕗を炒め、濃口醤油、酒、砂糖を合わせた調味液を加えて煮絡める。水分がなくなってきたら、炒り白胡麻を加え、よく混ぜ合わせる。

玉子焼

1. 卵をボールに割り入れ、水、薄口醤油、1cm角に切ったベーコンを加えてよく混ぜ合わせる。
2. だし巻き卵を作る要領で焼く。

炒り菜御飯

1. 小松菜はかために茹でて細かく刻み、フライパンでからいりしてしっかり水気をとばす。しんなりしたら胡麻油を加えて炒め、薄口醤油で味を調え炒り白胡麻を加えて混ぜる。
2. ごはんに①を混ぜ込み俵形に抜く。

鰆西京焼き

1. 鰆は塩をふって20～30分おく。
2. 味噌床を作る。材料をすべてよく混ぜ合わせる。
3. ①の鰆を水で洗い、水気をよく拭き取る。ガーゼに挟んで②の味噌床に1日漬ける。
4. ③の鰆を、焦げないように遠火でじっくり両面を焼く。

南京博多寄せ

1. かぼちゃ、ズッキーニ、人参を長さ12cm×厚さ5mmにスライスし、素揚げしておく。
2. かぼちゃペーストを作る。かぼちゃは皮をむき、やわらかくなるまで蒸して裏ごしする。その他の材料をすべて混ぜ合わせてペースト状にする。
3. 流し缶によく油を拭き取った①のかぼちゃを隙間なく敷き詰め、②のかぼちゃペーストを薄く塗る。人参、ズッキーニも同様に重ねて冷やし固めて切り分ける。

海老のしそ揚げ

1. エビは殻をむいて背ワタを取り除き、薄い塩水で洗って水気を拭き取る。
2. 天衣を作る。水と薄力粉を混ぜ、千切りの大葉を加える。
3. ①のエビの表面にはけで薄く薄力粉をまぶし、②の天衣にくぐらせ170℃の油でカリッとするまで揚げる。

鮭混ぜ御飯

1. 甘塩鮭は焼いて粗くほぐし、フライパンにサラダ油をひいて炒める。濃口醤油、かつお節、小さくちぎった焼き海苔、炒り白胡麻を加えて混ぜ合わせる。
2. ごはんに①を混ぜ込み、俵形に抜く。

ワンポイントアドバイス 玉子焼で使用するベーコンは、塩味が強い場合は薄口醤油の量で加減してください。

――正月屋吉兆
――丸山 芳紀

松茸、しめじ、舞茸、椎茸、エリンギの

茸色々御飯

秋ます親子焼き――黄味おろし

南京フォアグラと彩り野菜

国産牛すね肉赤味噌煮込み

きのこ類をふんだんに混ぜ込んだ、
秋の味覚を存分に楽しめるごはんです。
イクラの醤油漬けをかけたます、つぶしたかぼちゃにフォアグラを
入れて揚げた南京フォアグラ、赤味噌で煮込んだ牛すねとともにどうぞ。

材 料

松茸、しめじ、舞茸、椎茸、エリンギの

茸色々御飯

（4人分）

茶飯

米……300g
だし……300cc
濃口醤油「キッコーマン特選」……小さじ1.5
薄口醤油「東丸」……小さじ2強

茸色々御飯の具

松茸……1本
しめじ……¼パック
舞茸……¼パック
椎茸……¼パック
エリンギ……¼パック
ピュアオリーブオイル……大さじ2
塩……適量
三つ葉……適量

だし

（4人分）

水……1800cc
真昆布……½枚
水（差し水）……100cc
血合い入りかつお節……10g
血合い抜きかつお節……20g

秋ます親子焼き
黄味おろし

（4人分）

秋ます親子焼き

ます……240g
塩……少々
黄柚子……少々

イクラの醤油漬け

筋子……1腹
濃口醤油「キッコーマン特選」……適量
めんつゆ……35cc

黄味おろし

大根……⅕本
卵黄……2個分
EXVオイル「サンタガタ」……小さじ½
塩……少々

作り方

松茸、しめじ、舞茸、椎茸、エリンギの

茸色々御飯

1. 松茸の下調理をする。松茸は縦3㎜厚さにスライスする。茶飯用のだし、濃口醤油、薄口醤油を鍋に合わせて松茸を入れて火にかけ、松茸に火が通ったら取り出しておく。
2. 茶飯を炊く。研いだ米に①で松茸を煮た煮汁300ccを加えて炊飯器で炊く。
3. 茸色々御飯の具を作る。しめじは石づきを取り除き、小房にほぐす。大きいものは縦半分に切る。舞茸は石づきを取り除き、小房にほぐす。根元の厚い部分は3㎜厚さにスライスする。椎茸は軸を取り除き、笠の部分を放射状に6等分に切る。エリンギは半分の長さに切り、3㎜厚さにスライスする。
4. フライパンにピュアオリーブオイルを熱し、松茸と③のきのこ類を加えてしんなりするまで強火で炒める。塩で味を調える。
5. 炊き上がった②の茶飯に④のきのこを加えて混ぜ合わせる。
6. 三つ葉は沸騰した湯でさっと湯がいて冷水に取り、水気を絞って細かく刻む。
7. 器に⑤をよそい、①の松茸と⑥の三つ葉をあしらう。

だし

1. 鍋に水と昆布を入れて火にかけ、沸騰させずに80℃くらいの温度を保ちながら、昆布に爪が入るくらいやわらかくなるまで10～20分おく。
2. 昆布を取り除いて一煮立ちさせ、昆布の臭みを飛ばす。差し水をして再び80℃ほどに温度を下げて火を止め、血合い入りかつお節、血合い抜きかつお節を合わせて加える。
3. かつお節がすべて鍋底に沈んだら、きれいなさらしを敷いたざるで静かに漉す。

秋ます親子焼き 黄味おろし

1. イクラの醤油漬けを作る。筋子に80℃に熱した湯をかけて霜降りにし、氷水に取る。薄皮、汚れなどを流水で洗い、中のイクラをばらばらにほぐす。水気を切ってボールに移し、濃口醤油を加えて洗う。濃口醤油を捨て、めんつゆを加えて味を調える。
2. 黄味おろしを作る。大根は皮をむいてすりおろし、軽く水気を切る。卵黄を加えて全体が均一になるまでよく混ぜ、EXVオイル、塩を加えて味を調える。
3. ますを焼く。ますは4～5㎝幅に切り分け、皮に2㎜間隔で垂直の切り込みを入れる。2か所に串を打って軽く塩をふり、遠火で両面を焼く。
4. 器に③のますを盛り、②の黄味おろしと①のイクラをのせ、黄柚子の皮をおろしかける。

※「南京フォアグラと彩り野菜」と「国産牛すね肉赤味噌煮込み」のレシピは107ページです。

ワンポイントアドバイス　ごはんは、松茸にしっかり味つけすることで、旨みが増します。

——正月屋吉兆
丸山 芳紀

鮑《あわび》と海老入り 吉兆ヌードル

秋ます親子焼き——黄味おろし
南京フォアグラと彩り野菜
国産牛すね肉赤味噌煮込み

魚介の旨みで味つけされたうどんを具にしてごはんにかけた吉兆ヌードルです。

イクラの醤油漬けをかけたます、つぶしたかぼちゃにフォアグラを入れて揚げた南京フォアグラ、赤味噌で煮込んだ牛すねとともにどうぞ。

材料

鮑と海老入り
吉兆ヌードル
（4人分）

ごはん
- 米 …… 300g
- 水 …… 300cc

吉兆ヌードルの具
- 水沢うどん …… 100g
- 卵(Sサイズ) …… 2個
- エビ …… 8尾
- 煮アワビ(小) …… 1個
- 椎茸 …… 4個
- もやし …… 80g
- ピュアオリーブオイル …… 大さじ3
- 濃口醤油「キッコーマン特選」 …… 40cc
- 大葉 …… 4枚

南京フォアグラと彩り野菜
（4人分）

南京フォアグラ
- 栗マロンかぼちゃ …… 200g
- 塩 …… 少々
- 黒胡椒 …… 少々
- バター …… 10g〜適量
- フォアグラ …… 40g
- 薄力粉 …… 適量
- 卵白 …… 適量
- 新引粉 …… 適量
- 揚げ油 …… 適量
- 粒マスタード「マイユ」 …… 適量

あん
- だし（P.105参照） …… 120cc
- 薄口醤油「東丸」 …… 小さじ2
- みりん「タカラ本みりん」 …… 小さじ1.5
- 葛粉 …… 少々
- 水(葛粉を溶く) …… 少々

付け合わせ
- 里芋 …… 2個
- さつまいも（細いもの） …… ¼個
- 人参 …… ⅓本
- なす …… ½個
- さやいんげん …… 8本
- 揚げ油 …… 適量
- 塩 …… 適量

国産牛すね肉赤味噌煮込み
（4人分）

牛すね肉赤味噌煮込み
- 国産牛すね肉 …… 340g
- 水 …… 適量
- 長ねぎ(青い部分) …… 5cm
- 生姜 …… 1片
- だし …… 300cc
- 赤味噌「石野　京桜」 …… 100g
- みりん「タカラ本みりん」 …… 大さじ3
- 上白糖 …… 大さじ2.5
- 赤ワイン …… 50cc
- 生クリーム(乳脂肪分47%) …… 大さじ2

付け合わせ
- ブロッコリー …… 4房
- なす …… 1個
- 赤パプリカ …… ¼個
- 黄パプリカ …… ¼個
- 揚げ油 …… 適量
- 塩 …… 適量

作り方

鮑と海老入り 吉兆ヌードル

1. 炊飯器でごはんを炊く。
2. 吉兆ヌードルの具を作る。水沢うどんは4cm長さに切り、沸騰した湯で4分ほど茹で水でしめる。水気をよく切っておく。卵はよく溶き、フライパンで薄焼きにし、5cm長さ、7〜8mm幅の短冊切りにする。煮アワビは7〜8mm幅のそぎ切りにする。エビは殻をむいて背ワタを取り除き、2cm幅に切る。椎茸は軸を取り除き、笠の部分を5mm幅にスライスする。もやしはひげを取り除く。
3. フライパンにピュアオリーブオイルを熱し、②の具を椎茸、エビ、もやし、煮アワビ、水沢うどん、卵の順に加えて炒める。すべての具に火が通ったら、鍋肌から濃口醤油をたらして全体をよく混ぜ合わせ、味を調える。
4. 茶碗に①のごはんを盛り、③の具をのせ、千切りにした大葉をあしらう。

国産牛すね肉赤味噌煮込み

1. 牛すね肉の下ごしらえをする。牛すね肉は一口大に切り、生姜と長ねぎと一緒に圧力鍋に入れ、ひたひたの水を加えて30分煮る。
2. 付け合わせを作る。ブロッコリーは小房に切り分け、塩をした湯で茹でる。なす、赤、黄パプリカはそれぞれ3cmほどの乱切りにし、170〜180℃の油で素揚げし、軽く塩をふる。
3. 牛すね肉赤味噌煮込みを作る。①と別の鍋に赤味噌とだしを入れて溶かし、上白糖、みりんを加えて味を調える。①の牛すね肉を加えて強火にかけ、沸騰したら弱火に落とし、とろみが出てくるまで10分ほど煮る。
4. 別の鍋に赤ワインを入れて強火にかけ、沸騰させてアルコールをとばす。
5. ③に④の赤ワインと生クリームを加えてよく混ぜ、火から下ろす。
6. 器に⑤の牛すね肉赤味噌煮込みを盛り、②の付け合わせ野菜を添える。

南京フォアグラと彩り野菜

1. かぼちゃの下ごしらえをする。かぼちゃは種を取り除き、皮を上に向けて蒸し器に入れ、皮がひび割れて身からはがれてくるまで強火で20分ほど蒸す。
2. 付け合わせを作る。里芋は六角形に皮をむいて2cmの厚さに切り、やわらかくなるまで茹でる。水気を拭き取って160〜170℃の油で、2〜3分素揚げする。さつまいもはよく洗って7〜8mm厚さの輪切りにし、塩を加えた湯でやわらかくなるまで茹でる。人参は皮をむいて3cmほどの乱切りにし、塩を加えた湯でやわらかくなるまで茹でる。なすは縦半分に切り、2cm厚さの半月切りにする。塩を加えた湯で5分ほど茹でる。いんげんはヘタを取り除き、半分の長さに切り、塩を加えた湯で1分ほど茹で、冷水に取る。
3. あんを作る。鍋にだし、薄口醤油、みりんを合わせて沸かし、水で溶いた葛粉を加えてとろみをつける。
4. 南京フォアグラを作る。①のかぼちゃの身をすくってボールに入れ、バター、塩、黒胡椒を加えて、かぼちゃをつぶしながら全体がなめらかになるまでよく混ぜる。2cm角に切ったフォアグラを、4等分に分け真ん中に入れて俵形に成形する。
5. ④を薄力粉、卵白、新引粉の順にくぐらせて衣をつけ、180℃の油で表面の衣が固まるまで2〜3分揚げる。
6. 器に⑤の南京フォアグラを置き、手前に②の里芋、さつまいも、人参、なす、さやいんげんを添える。③のあんをかけて、南京フォアグラの上に粒マスタードをのせる。

※「秋ます親子焼き」のレシピは105ページです。

ワンポイントアドバイス　牛すね肉は、赤ワインのアルコールをしっかりととばしてください。

イタリア料理×和食

オステリア ルッカ
桝谷 周一郎
Syuichiro Masuya

賛否両論
笠原 将弘
Masahiro Kasahara

中近東料理

I'S MEAT SELECTION
岩田 晴美
Harumi Iwata

オリジナル

ヤマダチカラ
山田 チカラ
Chikara Yamada

ドイツ料理

ツム・アインホルン
野田 浩資
Hiroshi Noda

―オステリア ルッカ
桝谷 周一郎

―賛否両論
笠原 将弘

全粒粉のタリアテッレ
伝統的なサンマとトマトのカラブリア風

美麗豚の焼きおにぎり
―エリンギのすりながし

秋の温野菜
―オレンジ風味のマヨネーズと味噌のふりかけ

サンマの旨みをトマトソースに閉じ込めたタリアテッレ。
エリンギのすりながしをかけた焼きおにぎり。
オレンジが香るマヨネーズとともにいただく温野菜。
和食とイタリアンがコラボした、食欲をかきたてる料理です。

材　料

全粒粉のタリアテッレ
伝統的なサンマとトマトのカラブリア風
（4人分）

全粒粉パスタ	240g
ピュアオリーブオイル	60cc
にんにく（みじん切り）	小さじ4
アンチョビフィレ	4枚
サンマ	2尾
カイエンヌペッパー	少々
白ワイン	大さじ4
ブイヨン	80cc
トマトソース	200cc
ディル	適量
黒オリーブ	8個
緑オリーブ	8個

美麗豚の焼きおにぎり
エリンギのすりながし
（作りやすい分量）

豚の角煮

豚肩ロース肉	500g
料理酒	100cc
赤ワイン	100cc
水	250cc
砂糖	大さじ1.5
濃口醤油	大さじ1.5
はちみつ	小さじ2強
胡麻油	少々
粉山椒	小さじ½

エリンギのすりながし

エリンギ	4〜5本
たまねぎ	1個
塩	少々
太白胡麻油	大さじ2
料理酒	大さじ1
雑穀ブレンド米	3カップ
水	3カップ
くこの実	適量
ホワイトリカー	適量
万能ねぎ（小口切り）	適量
粉山椒	適量

秋の温野菜
オレンジ風味のマヨネーズと味噌のふりかけ
（4人分）

じゃがいも	2個
かぼちゃ	⅛個
グリーンアスパラガス	4本
しめじ	1パック
料理酒	適量
味噌パウダー	適量

オレンジ風味のマヨネーズ

白ワインビネガー	30cc
サラダ油	90cc
卵黄	1個分
塩	適量
オレンジの皮	適量

作り方

全粒粉のタリアテッレ
伝統的なサンマとトマトのカラブリア風

1. フライパンにピュアオリーブオイル、にんにくみじん切り、アンチョビフィレを入れ、にんにくが軽く色づくまで炒める。
2. 三枚におろしたサンマを適当な大きさにカットし①に入れソテーする。半分だけ取り出しておく。
3. ②に白ワインを入れアルコール分をとばし、ブイヨンを入れ黒オリーブ、緑オリーブを入れる。
4. ③にトマトソース、カイエンヌペッパーを入れ、沸騰させる。
5. 塩の入った湯でパスタを茹で（4〜5分）、水気を切り④と半分取り出しておいたサンマを合わせる。皿に盛り付け、ディルのみじん切りを散らす。

豚の角煮

1. 豚肉はやや小さめの一口大に切り分け、フライパンに胡麻油を入れ、香ばしく焼き色をつける。
2. フライパンの余分な油を切って、水、料理酒、赤ワイン、砂糖、濃口醤油を入れ煮込む。
3. 煮詰まってきたら、はちみつ、粉山椒を入れ、煮汁が豚肉に絡まるぐらいにする。

エリンギのすりながし

1. エリンギ、たまねぎはざく切りにし、フライパンに太白胡麻油を入れ中火でじっくり香りが立つまで炒める。
2. ①に塩をふり味を調え、料理酒をふりかける。
3. ②をミキサー、またはフードプロセッサーでピューレ状にする。
4. 雑穀米を分量の水で炊き、豚の角煮を⅓程度入れ混ぜ合わせ、おにぎりにしフライパンで両面を焼き、焼きおにぎりにする。皿に焼きおにぎりを盛って、まわりに残りの豚の角煮を散らし、おにぎりの上にエリンギのすりながしをかける。ホワイトリカーに漬け込んだくこの実、粉山椒、万能ねぎを散らす。

秋の温野菜 オレンジ風味のマヨネーズと味噌のふりかけ

1. じゃがいも、グリーンアスパラガスは皮を取り、かぼちゃ、しめじとともに一口大の大きさにカットし、軽く料理酒をふって歯ごたえが残る程度に蒸し上げる。
2. オレンジ風味のマヨネーズを作る。ボールに白ワインビネガーと塩を入れホイッパーで混ぜる。そこにサラダ油を少量ずつたらしながら混ぜていく。最後にオレンジの皮をすりおろしたものを加え、よく混ぜる。
3. ①の野菜を器に盛り、味噌パウダーをかけ、②のマヨネーズを添える。

ワンポイントアドバイス　豚の角煮の煮汁は、煮詰めて濃度をつけることで味がのります。

——I'S MEAT SELECTION
——岩田 晴美

クスクスロワイヤル
ケバブ添え

アラビックサラダ

鶏ガラで煮込んだ羊肉に野菜の旨みも凝縮させ、
クスクスと一緒にいただきます。
香辛料を練り込んだケバブとレモン汁を利かせた
アラビックサラダとともに。

材 料

クスクスロワイヤル

ケバブ添え

（4人分）

クスクスロワイヤル

鶏ガラ	1kg
羊肉	600g
エジプト豆（ひよこ豆）	ひとつまみ
にんにく	3～4片
かぶ	4個
人参	1.5本
たまねぎ	1.5個
ズッキーニ	2本
セロリ	2本
完熟トマト	2個
ピーマン（赤・緑）	4～5個
クミンパウダー	適量
オールスパイスパウダー	適量
トマトペースト	適量
塩	適量
白胡椒	適量
水	8ℓ
サラダ油	適量
クスクス	200g
水	200cc

ケバブ

羊肉切り落とし	300g
ドライオレガノ	2g
おろしにんにく	3g
パプリカパウダー	2.5g
カイエンヌパウダー	0.7g
EXVオイル	12cc
塩	3g
水	18cc

アラビックサラダ

（4人分）

アラビックサラダ

ロメインレタス	¼個
トマト	1個
パプリカ（赤・黄）	各1個
レッドオニオン	¼個
塩	適量
白胡椒	適量
スペアミント	適量

ヴィネグレットソース

赤ワインビネガー	15cc
EXVオイル	60cc
レモン汁	適量

作り方

クスクスロワイヤル

1. 鍋に鶏ガラと水を入れ、強火で沸騰させ弱火にしてアクを丁寧に取り除く。1時間ほど煮込んだら鶏ガラを取り除く（香りと旨みを失わないよう、ガラの表面の脂はあまり取り除かない）。
2. 一晩水に浸してもどしたエジプト豆と粗いみじん切りにしたにんにくを①に加えて静かに煮込む。
3. フライパンにサラダ油を入れ熱し、適当な大きさに切った羊肉を表面が色づく程度まで焼き軽く塩をふり、②に加えアクを取りながら煮込む。
4. ピーマン、かぶ、人参、たまねぎを乱切りにし、ズッキーニ、セロリは縦に4等分に横に2～3等分にカットし、トマトは皮を湯むきし種を取り除き乱切りにする。
5. ③を30～40分煮込み、肉が少しやわらかくなったら④を入れ、クミン、オールスパイス、塩、白胡椒を加え味を調える。
6. さらに10分ほど煮込んだところで、トマトペーストを好みの量加えて、煮込みはじめから1時間～1時間30分ほど煮込む。

クスクス

クスクスをボールに入れ、沸騰させた水と塩を加えラップをかけ10分間おく。ラップをはずしよくほぐす。

ケバブ

1. ボールにすべての材料を入れ、粘りが出るくらいまで練り冷蔵庫で1時間ほど寝かしておく。
2. ①を4等分に分け、串に刺し熱したフライパンで焼く。

アラビックサラダ

1. ロメインレタスは適当な大きさにカットし、パプリカは1㎝角に、トマトは横半分にし1㎝角にカットする。レッドオニオンはみじん切りにする。
2. 赤ワインビネガー、EXVオイル、レモン汁をよく合わせヴィネグレットソースを作る。
3. ①の野菜をボールに入れ、塩、白胡椒して②を合わせる。

ワンポイントアドバイス　香りと旨みを失わないよう、鶏ガラの表面の脂はあまり取り除かないでください。

——山田 チカラ《ヤマダチカラ》

炊き込み五目ちらし

海老《えび》芋《いも》饅頭《まんじゅう》
トマトと毛蟹のファルシ
茄子の松風焼き——ボロネーズソース
鱈の西京焼き——カキ菜花のタルタル
さつま芋のサラダ

彩り鮮やかな炊き込みごはんとジューシーな海老芋饅頭、濃厚なカニ味噌とトマトの酸味がマッチしたファルシ、菜の花の苦みがアクセントのタルタルをかけたたら、食感も楽しめるなすが入った豪華な重箱です。

材　料

炊き込み五目ちらし

（4人分）

ごはん

米（2合）	300g
だし	300cc
みりん	60cc
薄口醤油	40cc
京人参	200g
れんこん（スライス）	20枚
大根	200g

煮穴子

開き穴子	⅓尾
水	50cc
濃口醤油	50cc
酒	50cc
みりん	50cc
グラニュー糖	40cc

手綱こんにゃく

こんにゃく（小サイズ）	½枚
割り下	適量
鷹の爪	1本
卵	2個
さいまきエビ	6尾
きぬさや	8枚
だし	適量
塩	適量
かずのこ	2本
スモークサーモン	2枚
イクラ	20g
ちょろぎ	少々
黄柚子	少々

だし

水	1ℓ
昆布	5㎝
かつお節	軽くひとつかみ

割り下

酒	100cc
みりん	100cc
濃口醤油	30cc

マヨネーズ

卵黄	1個分
太白胡麻油	150cc
ディジョンマスタード	小さじ1弱
リンゴ酢	小さじ1弱
塩	少々
白胡椒	少々

作り方

炊き込み五目ちらし

1. ごはんを炊く。米を研いでざるに上げ30分ほどおく。炊飯釜に米、だし、みりん、薄口醤油、1㎜角に切った京人参、1㎜厚さにスライスして1㎝くらいのいちょう切りにしたれんこんを合わせて炊き上げる。
2. 炊き上がったら、1㎜角に切った大根を混ぜ合わせる。
3. 煮穴子を作る。穴子は熱湯をかけて、表面のぬめりを取る。鍋に水、濃口醤油、酒、みりん、グラニュー糖、穴子を入れ、15～20分煮る。煮汁に浸したまま冷まし、1.5㎝幅に切る。
4. 手綱こんにゃくを作る。こんにゃくは5㎜厚さにスライスし、1×5㎝の短冊に切る。中央に切り込みを入れ、片側を切り込みにくぐらせ、手綱形にする。鍋にこんにゃく、割り下、鷹の爪を入れて15～20分煮て、煮汁に浸けたまま冷ます。
5. きぬさやはさっと塩茹でして氷水に取り、斜めに半分に切る。塩をしただしに浸けておく。
6. さいまきエビは頭を取り除いて串を刺し、さっとお湯に通して氷水に取る。塩をしただしに入れて火を通し、だしに浸けたまま冷ます。殻をむいて2㎝長さに切る。
7. 卵はよく溶いて、フライパンで薄焼きにし、細切りにする。
8. 器に②のごはんを盛り、⑦の卵をのせる。③の煮穴子、④の手綱こんにゃく、⑤のきぬさや、⑥のさいまきエビ、塩抜きをして7㎜幅に切ったかずのこ、2㎝幅に切ったスモークサーモン、イクラ、ちょろぎを彩りよく盛り付け、すりおろした黄柚子を散らす。

だし

1. 鍋に水と昆布を入れ、しばらくおく。
2. ①の鍋を火にかけ、沸騰する直前にかつお節を加える。
3. 沸騰したら火を止め、すぐに漉す。

割り下

1. 酒を¼の量になるまで煮詰める。
2. ①にみりんを加え、さらに⅓の量になるまで煮詰める。
3. ②に濃口醤油を加えて一煮立ちさせる。

マヨネーズ

1. ボールに常温に戻した卵黄、リンゴ酢、ディジョンマスタード、塩、白胡椒を入れ、なめらかになるまでホイッパーでよくかき混ぜる。
2. ①に太白胡麻油を少量ずつ加えながら、ホイッパーでよくかき混ぜる。全体がなめらかになったら、さらに白っぽくふわっとするまでしっかりかき混ぜる。

ワンポイントアドバイス 煮穴子は熱湯をかけて、しっかりと表面のぬめりを取ってください。

材　料

さつま芋のサラダ

（4人分）

さつまいも	½本
塩	適量
白胡椒	適量
リンゴ	20g
レーズン	10g
マヨネーズ	適量
シナモンパウダー	少々
イタリアンパセリ	少々

鱈の西京焼き

カキ菜花のタルタル

（4人分）

鱈の西京焼き

たらの切り身	4切れ
西京味噌	適量
みりん	適量

カキ菜花のタルタル

カキ菜花	½パック
だし	適量
マヨネーズ	適量
茹で卵	½個
ピクルス	20g
ケッパー	20g
エシャロット	20g
塩	適量

海老芋饅頭

（4人分）

鴨胸肉	1枚
割り下	60cc
エビ芋（大）	1個
塩	適量
切り餅	2個
揚げ油	適量

和風あん

だし	200cc
薄口醤油	20cc
みりん	20cc
葛	適量

作り方

さつま芋のサラダ

1. さつまいもは中心に火が通るまで丸ごと蒸す。蒸し上がったら皮をむき、熱いうちに1cm角に切り、塩、白胡椒で味を調える。
2. リンゴは皮つきのまま1cmくらいのいちょう切りにし、レーズンは半分に切る。
3. ①のさつまいも、②のリンゴとレーズンをマヨネーズで和え、シナモンパウダーをふり、みじん切りのイタリアンパセリを散らす。

鱈の西京焼き

カキ菜花のタルタル

1. 鱈の西京焼きを作る。バットに西京味噌を敷き、その上にクッキングペーパー（不織布タイプ）で挟んだたらの切り身を置いて、さらに上から西京味噌を塗り、冷蔵庫で2日間漬け込む。
2. ①のたらをグリルで焼く。火が通って魚の表面が白っぽくなってきたらみりんを塗り、焼き色をつける。
3. カキ菜花のタルタルを作る。カキ菜花は塩をしたお湯で茹で、塩を加えただしに浸けて冷ます。水気を絞り、7mm幅の小口切りにする。
4. 茹で卵は1mm角に刻み、ピクルス、ケッパー、エシャロットはみじん切りにする。エシャロットに塩をかけてさらしに包み、水気が出てくるまでよく揉む。さらしごと水でよく洗い、ピクルス、ケッパーも合わせて、さらしごと絞るようにしてしっかりと水気を切る。
5. ③のカキ菜花、④の茹で卵、ピクルス、ケッパー、エシャロットにマヨネーズを加えて混ぜ合わせる。
6. ②のたらの西京焼きを器に盛り、⑤のカキ菜花のタルタルを添える。

海老芋饅頭

1. 鴨肉は、筋や余分な脂を取り除き、皮に包丁で切り込みを入れる。フライパンで皮のみを脂を落とすようにパリパリに焼く。
2. ①の鴨肉を粗いみじん切りにして色がつくまで炒め、割り下を加えて水分がなくなるまで煮詰めて冷ます。
3. エビ芋は中心に火が通るまで蒸し、皮をむいて裏ごしして軽く塩で味を調える。
4. ③のエビ芋で②の鴨肉を包んでだんご状に丸め、2mm角に切った切り餅をまぶして、180℃の油で揚げる。
5. 和風あんを作る。鍋にだし、薄口醤油、みりんを合わせて沸かし、水に溶いた葛を加えてとろみをつける。
6. 器に④の海老芋饅頭を盛り、⑤の和風あんをかける。

材　料

茄子の松風焼き
ボロネーズソース

（4人分）

トマトソース

たまねぎ	1/5個
人参	1/5個
セロリ（太めのもの）	1/10本
にんにく（小）	1片
オリーブオイル	適量
ホールトマト缶詰	510g
タイム	1/2枝
塩	適量
黒胡椒	適量

ボロネーズソース

牛挽肉	200g
豚挽肉	200g
たまねぎ	2個
オリーブオイル	適量
赤ワイン	400cc
ローリエ	1枚
塩	適量
黒胡椒	適量

なす	2個
パルメザンチーズ	適量
けしの実	適量
揚げ油	適量

トマトと毛蟹のファルシ

（4人分）

ミニトマト	8個
毛ガニ	40g
塩	少々
白胡椒	適量
EXVオイル	適量

リンゴ酢のジュレ

だし	150cc
グラニュー糖	15g
リンゴ酢	35cc
たまり醤油	5cc
果汁100%リンゴジュース	40cc
板ゼラチン	3g

作り方

茄子の松風焼き
ボロネーズソース

1. トマトソースを作る。たまねぎ、人参、セロリ、にんにくをみじん切りにし、1/3の量になるまでオリーブオイルでゆっくり炒めて軽く塩で味を調える。
2. ①にホールトマトとタイムを加えて、半分の量になるまで弱火で煮詰め、塩、黒胡椒で味を調える。ミキサーにかけて、漉し器で漉す。
3. ボロネーズソースを作る。たまねぎを薄くスライスし、オリーブオイルであめ色になるまで弱火でゆっくり炒める。
4. 牛、豚挽肉をフライパンで、よく色がつくまで炒める。
5. ③のたまねぎと④の挽肉を鍋に移し、赤ワインを加えて水分がなくなるまで煮詰める。
6. ②のトマトソースとローリエを加え、さらに水分がなくなるまで煮詰め、塩、黒胡椒で味を調える。
7. なすは3㎝幅の輪切りにし、180℃の油でやわらかく火が通るまで素揚げする。
8. ⑦のなすの上に⑥のボロネーズソースをのせ、パルメザンチーズとポピーシードをふる。

トマトと毛蟹のファルシ

1. ミニトマトは皮を湯むきし、上下を切り落として中身をくりぬいておく。
2. 毛ガニは甲羅を下にして15～20分ほど蒸して身をほぐし、裏ごししたカニ味噌で和えておく。
3. リンゴ酢のジュレを作る。鍋にだし、グラニュー糖、リンゴ酢、たまり醤油、リンゴジュースを合わせて沸かす。水でもどした板ゼラチンを加えて溶かし、冷やし固める。
4. ②のカニを、フォークなどで細かく崩した③のリンゴ酢のジュレ、EXVオイルで和えて、塩、白胡椒で味を調え、①のトマトの中に詰める。

ワンポイントアドバイス　「茄子の松風焼き」のトマトソースは煮詰める際、だれないよう、しっかりと水分をとばしてください。

——ツム・アインホルン
——野田 浩資

サーモンのムニエル
シュワーベン地方風

ポテトとニンジンのピューレ
ソーセージサラダ——ツム・アインホルン風
ローテ・グリュッツェ——イチゴと木イチゴのタピオカ寄せ
クリームチーズのポテト添え——ファルツ地方風

具だくさんのソースをかけたサーモンです。

付け合わせは、白ワインビネガーで和えたソーセージサラダ、レーズンやたまねぎを混ぜたクリームチーズ、ピューレ、イチゴを使ったデザートです。

材料

サーモンのムニエル
シュワーベン地方風

（4人分）

サーモンのムニエル
サーモン（三枚におろしたフィレ）…… 320g
塩 …… 少々
白胡椒 …… 少々
薄力粉 …… 少々
バター …… 適量

ソース
バター …… 20g
たまねぎ …… 10g
ボンレスハム …… 10g
マッシュルーム …… 4個
セージ …… 1本
生クリーム（乳脂肪分30％以上）…… 100cc
パセリ …… 小さじ1
レモン汁 …… 少々
塩 …… 少々
白胡椒 …… 少々

ソーセージサラダ
ツム・アインホルン風

（4人分）

ソーセージ …… 80g
たまねぎ …… 20g
赤パプリカ …… 1/6個
黄パプリカ …… 1/6個
ピーマン …… 1/4個
万能ねぎ（5mm幅の小口切り）…… 小さじ1
白ワインビネガー …… 大さじ1強
サラダ油 …… 大さじ1
塩 …… 少々
白胡椒 …… 少々

ポテトとニンジンのピューレ

（4人分）

じゃがいも …… 300g
人参 …… 300g
顆粒チキンブイヨン …… 6g
水（チキンブイヨンを溶く）…… 300cc
タイム …… 1本
ローリエ …… 1枚
塩 …… 少々
白胡椒 …… 少々

クリームチーズのポテト添え
ファルツ地方風

（4人分）

じゃがいも …… 4個
クリームチーズ …… 160g
牛乳 …… 30cc
レーズン …… 10g
たまねぎ …… 40g
万能ねぎ …… 10g
クミンシード …… ひとつまみ
塩 …… 少々
白胡椒 …… 少々
パプリカパウダー …… 少々

作り方

サーモンのムニエル シュワーベン地方風

1. ソースを作る。鍋にバターを溶かし、みじん切りのたまねぎを加えて香りが出るまで炒める。みじん切りのボンレスハムを加えて軽く炒め、5mm角に切ったマッシュルーム、千切りにしたセージを加える。
2. ①に生クリームを加え、沸騰したら弱火に落として、とろみが出るまで軽く煮詰め、レモン汁とみじん切りにしたパセリを加えて塩、白胡椒で味を調える。
3. サーモンのムニエルを作る。サーモンは三枚におろしたフィレを、1.5cmほどの厚さに斜めに切る。両面に軽く塩、白胡椒をふり、全体に薄く薄力粉をまぶす。
4. フライパンにバターを溶かし、③のサーモンの両面を焼き目がつかないように焼く。200℃に熱したオーブンに移し、サーモンの中心に火が通るまで、3～5分焼く。
5. 器に④のサーモンを盛り、温めた②のソースをかける。

ソーセージサラダ ツム・アインホルン風

1. ソーセージは5mm厚さにスライスし、半分に切ってから5mm幅の拍子木切りにする。たまねぎは縦半分に切って皮と芽を取り除き、繊維と垂直にできるだけ薄くスライスする。赤、黄パプリカ、ピーマンは縦半分に切り、ヘタと種を取り除いて2～3mm幅にスライスする。
2. ①の材料と万能ねぎをすべてボールに合わせ、白ワインビネガー、サラダ油を加えて全体に絡めるように混ぜ合わせ、塩、白胡椒で味を調える。
3. 器に盛り付ける。

クリームチーズのポテト添え ファルツ地方風

1. じゃがいもはよく洗い、串がすっと通るまで茹で、冷ましておく。
2. 常温に戻したクリームチーズをよく練り、牛乳を加えてなめらかなマヨネーズ状になるまでよく混ぜ合わせる。
3. ②にレーズン、みじん切りにしたたまねぎ、小口切りにした万能ねぎ、クミンシードを加えてよく混ぜ、塩、白胡椒で味を調える。
4. ①のじゃがいもの皮と芽を取り除き、粗くつぶす。
5. ④のじゃがいもを器に盛り、③をのせ、パプリカパウダーをふる。

ポテトとニンジンのピューレ

1. じゃがいもは皮をむき、縦半分に切ってから2cmほどの厚さに切る。人参は皮をむき、1cmほどの厚さに切る。
2. 鍋に①のじゃがいも、人参、タイム、ローリエ、顆粒チキンブイヨンを溶いた水を加え、蓋をして火にかける。沸騰したら弱火に落とし、水分がなくなってじゃがいもが煮崩れ、人参が指で押してつぶれるくらいやわらかくなるまで煮る。
3. ②を火から下ろして、タイム、ローリエを取り除き、マッシャーでつぶして全体が均一になるようによく混ぜ、塩、白胡椒で味を調える。サーモンのムニエルに添える。

※「ローテ・グリュッツェ」のレシピは121ページです。

ワンポイントアドバイス　クリームチーズは牛乳を加えたら、よく混ぜ合わせてください。

——ツム・アインホルン

野田 浩資

ハンバーグステーキ
メックレンブルグ風

ポテトとニンジンのピューレ
スモークサーモンのタルタル風
ローテ・グリュッツェ——イチゴと木イチゴのタピオカ寄せ
クリームチーズのポテト添え——ファルツ地方風

野菜の旨みたっぷりのソースで煮込んだハンバーグです。付け合わせは、ケッパーやピクルスを混ぜ込んだスモークサーモン、レーズンやたまねぎを混ぜたクリームチーズ、ピューレ、イチゴを使ったデザートです。

材 料

ハンバーグステーキ
メックレンブルグ風

(4人分)

ハンバーグ

- 牛挽肉 …… 200g
- 豚挽肉 …… 50g
- バゲット(かたくなったもの) …… 25g
- 湯(バゲットをもどす) …… 適量
- たまねぎ …… 25g
- 卵 …… 1個
- 塩 …… 少々
- 白胡椒 …… 少々
- ナツメグパウダー …… 少々
- サラダ油 …… 適量

ソース

- 人参 …… 80g
- セロリアック …… 80g
- たまねぎ …… 80g
- バター …… 20g
- 薄力粉 …… 5g
- 固形ブイヨン …… ⅓個
- 水(固形ブイヨンを溶かす) …… 100cc
- 牛乳 …… 100cc
- 生クリーム …… 50cc
- 塩 …… 少々

スモークサーモンのタルタル風

(4人分)

- スモークサーモン …… 160g
- たまねぎ …… ⅙個
- あさつき …… 2本
- パセリ …… 1本
- ケッパー(酢漬けのもの) …… 小さじ1
- ピクルス(甘みの少ないもの) …… 大さじ1
- 白胡椒 …… 少々
- ライ麦パン …… 適量

ローテ・グリュッツェ
イチゴと木イチゴのタピオカ寄せ

(4人分)

イチゴと木イチゴのタピオカ寄せ

- 冷凍イチゴ …… 100g
- 冷凍木イチゴ …… 90g
- グラニュー糖 …… 25g
- タピオカ …… 15g
- 水 …… 200cc

バニラソース

- 卵黄 …… 1個分
- グラニュー糖 …… 20g
- 牛乳 …… 125cc
- バニラビーンズ …… ⅛本

作り方

ハンバーグステーキ メックレンブルグ風

1. ハンバーグを作る。ボールにバゲットを細かくちぎって入れ、湯をかけて10分ほどふやかす。
2. 別のボールに牛挽肉、豚挽肉、みじん切りにしたたまねぎ、卵を加えてよく混ぜる。①のバゲットの水気をしっかり絞って加え、全体が均一になるようにさらによく混ぜ、塩、白胡椒、ナツメグパウダーを加える。4等分に分け、丸く成形する。
3. フライパンにサラダ油を熱し、②を中火で焼き、両面にしっかり焼き目をつける。
4. ソースを作る。鍋にバターを入れて火にかけ、5mm角に切った人参、セロリアック、たまねぎを入れ、色がつかないように中火で軽く炒める。
5. ④に薄力粉を加えて、野菜に絡めながら軽く炒める。固形ブイヨンを溶いた水を加えてよく混ぜ合わせて、牛乳、③のハンバーグを加えて、弱火で10分ほど煮込む。
6. ソースにとろみがつき、ハンバーグの中心まで火が通ったら生クリームを加えて塩で味を調える。
7. 器に⑥を盛り付け、ポテトとニンジンのピューレを添える。

スモークサーモンのタルタル風

1. スモークサーモンは包丁で細かく刻む。たまねぎ、あさつき、パセリ、ケッパー、ピクルスは、それぞれみじん切りにする。
2. ①の材料をすべて混ぜ合わせ、白胡椒で味を調える。
3. ライ麦パンは5mm厚さにスライスし、直径5cmのセルクルで丸く抜く。
4. 器に③のライ麦パンを敷き、②のサーモンを盛り付ける。

ローテ・グリュッツェ イチゴと木イチゴのタピオカ寄せ

1. イチゴと木イチゴのタピオカ寄せを作る。鍋に水を入れて火にかけ、沸騰したらタピオカを加えて弱火に落とし、タピオカが透明になるまで20〜30分ゆっくり煮る。
2. ①にグラニュー糖、冷凍イチゴを加えて強火にし、沸騰する直前に冷凍木イチゴを加える。果肉がつぶれないように木べらで混ぜ、少しとろみがついたらボールに移し、氷水にあてて粗熱を取る。冷蔵庫で一晩寝かせる。
3. バニラソースを作る。鍋に牛乳とバニラビーンズを入れて弱火にかけ、沸騰直前まで温める。
4. ボールに卵黄とグラニュー糖を入れ、ホイッパーで白っぽくなるまでよくかき混ぜる。
5. ④に③の牛乳を加えて混ぜ合わせ、再び鍋に戻して中〜弱火にかける。鍋底をこするようにゴムべらでかき混ぜながら、とろみがつくまで加熱する。
6. とろみがついたら漉し器で漉し、氷水にあてて粗熱を取り、冷蔵庫で冷やす。
7. 器に②のイチゴと木イチゴのタピオカ寄せを盛り、⑥のバニラソースをかける。

※「ポテトとニンジンのピューレ」と「クリームチーズのポテト添え」のレシピは119ページです。

ワンポイントアドバイス スモークサーモンの塩けが足りないときは、少量の塩を加えてください。

登場シェフ紹介

■ P.48～51

小山 雄史
Masashi Koyama

伊勢丹「キッチンステージ」

東京都新宿区新宿3-14-1
伊勢丹新宿店本館地下1F
☎ 03-3352-1111

■ P.28～31

笹島 保弘
Yasuhiro Sasajima

イル ギオットーネ

京都府京都市東山区河原町
通塔の前下ル八坂上町388-1
☎ 072-532-2550

■ P.8～11

本多 哲也
Tetsuya Honda

リストランテ ホンダ

東京都港区北青山2-12-35
小島ビル1F
☎ 03-5414-3723

■ P.52～55

坂内 正宏
Masahiro Sakauchi

ディリット

東京都渋谷区幡ヶ谷
3-55-2　原ビル1F
☎ 03-5350-6588

■ P.32～35

根本 岳
Takeshi Nemoto

オステリア・トット

東京都港区西麻布1-8-16
B1F
☎ 03-6438-9947

■ P.12～15

原田 慎次
Shinji Harada

アロマフレスカ

東京都中央区銀座2-6-5
銀座トレシャス12F
☎ 03-3535-6667

■ P.58～61

若月 稔章
Toshinori Wakatsuki

エメ・ヴィベール

東京都千代田区二番町
14-1
☎ 03-5216-8585

■ P.36～39

奥田 政行
Masayuki Okuda

アル・ケッチァーノ

山形県鶴岡市
下山添一里塚83
☎ 0235-78-7230

■ P.16～19

原 宏治
Koji Hara

アル・ポンテ

東京都中央区日本橋浜町
2-4-3
☎ 03-3666-4499

■ P.62～65

古賀 純二
Junji Koga

シェ・イノ

東京都中央区京橋2-4-16
明治京橋ビル1F
☎ 03-3274-2020

■ P.40～43

植竹 隆政
Takamasa Uetake

カノビアーノ

東京都渋谷区恵比寿西2-21-4
代官山パークスビル地下1F
☎ 03-5456-5681

■ P.20～23

笹森 通彰
Michiaki Sasamori

ダ・サスィーノ

青森県弘前市本町56-8
グレイス本町2F
☎ 0172-33-8299

■ P.66～69

富山 勉
Tsutomu Tomiyama

ボンファム

東京都港区赤坂
1-3-13
☎ 03-3582-0200

■ P.44～47,110～111

桝谷 周一郎
Syuichiro Masuya

オステリア ルッカ

東京都渋谷区広尾1-6-8
第2三輪ビル1F
☎ 03-5789-3631

■ P.24～27

藤井 実
Minoru Fujii

ラ・ロゼッタ

東京都目黒区祐天寺
1-16-4
☎ 03-3794-0117

■ P.118～121

野田 浩資
Hiroshi Noda

ツム・アインホルン

東京都港区六本木1-9-9
六本木ファーストビル1F
☎ 03-5563-9240

■ P.94～99,110～111

笠原 将弘
Masahiro Kasahara

賛否両論

東京都渋谷区恵比寿2-14-4
大田ビル1F
☎ 03-3440-5572

■ P.70～73

鳴神 正量
Masakazu Narukami

NARUKAMI

東京都港区西麻布
4-2-6
☎ 03-5774-2777

■ P.100～103

野崎 洋光
Hiromitsu Nozaki

分とく山

東京都港区南麻布
5-1-5
☎ 03-5789-3838

■ P.74～77

清水 忠明
Tadaaki Shimizu

銀座ラ トゥール

東京都中央区銀座6-8-7
交詢ビル5F
☎ 03-3569-2211

■ P.104～107

丸山 芳紀
Yoshinori Maruyama

正月屋吉兆

東京都新宿区新宿3-14-1
伊勢丹新宿店本館7Fイートパラダイス
☎ 03-3355-6644

■ P.78～83

間 光男
Mitsuo Hazama

TERAKOYA

東京都小金井市前原町
3-33-32
☎ 042-381-1101

■ P.112～113

岩田 晴美
Harumi Iwata

I'S MEAT SELECTION

東京都新宿区新宿3-14-1
伊勢丹新宿店本館地下1F
☎ 03-3352-1111

■ P.84～87

中野 寿雄
Toshio Nakano

オー・プロヴァンソー

東京都千代田区平河町
1-3-9
☎ 03-3239-0818

■ P.114～117

山田 チカラ
Chikara Yamada

ヤマダチカラ

東京都港区南麻布
1-15-2 1F
☎ 03-5942-5817

■ P.88～91

谷 昇
Noboru Tani

ル・マンジュ・トゥー

東京都新宿区納戸町22
☎ 03-3268-5911

素材を引き立てる調味料
伊勢丹おすすめ30選

1

コンビーフ
チーズ・バジルソース・マスタード&マヨネーズ

プレミアムアイ

各100g／各525円(税込)

パスタやトースト、またはそのままおつまみに。肉の繊維が太く、食感豊かなコンビーフに、さまざまな風味を取り合わせた、食卓の新たな一品です。

2

ビーフカレー

プレミアムアイ

200g／1,050円(税込)

黒毛和牛のすね肉や国産野菜、カレー粉には40種類のスパイスを使用したこだわりのカレー缶詰。

3

XO醤

中国飯店 富麗華

100g／2,100円(税込)

「富麗華」料理長が、金華ハム、干し貝柱、にんにくなどをオリジナルレシピでじっくりと作り込んだXO醤です。

4

味豆板醤

御田町 桃の木

90g／1,050円(税込)

キッチンステージでも好評だったミシュラン一つ星の中華「御田町 桃の木」と創業286年の老舗ごま油メーカー「マルホン」の太白胡麻油を使用して作った、他では真似できない豆板醤です。

5

トムヤムスープの素

マンゴツリー東京

130g／840円(税込)

丸の内で人気の「マンゴツリー東京」で、総料理長を務めている舘山氏のレシピより開発。スプーン2～3杯を使うだけで、ご自宅でトムヤムクンスープが味わえます。

6

酸辣湯《スーラータン》の素

鉄板中華 青山シャンウェイ

60g×3袋入／840円(税込)

外苑前の鉄板中華でお馴染みの「鉄板中華　青山シャンウェイ」より、佐々木シェフ考案の「酸辣湯の素」。酢の酸味と唐辛子や黒胡椒の辛み、香味の効いた四川の味をご家庭でお楽しみいただけます。

7

フォンドヴォー醤油
エレガンス

大東食研

200ml／683円(税込)

肉や野菜の旨みが凝縮された「フォンドヴォー」とかつお節の香りと旨みを煮出した「かつおだし醤油」を、バランスよくブレンド。肉料理ととても相性のよい洋風醤油です。

8

鮎魚醤

原次郎左衛門

200ml／1,365円(税込)

「鮎魚醤」は約5匹の鮎と塩だけで造りあげた発酵調味料です。香魚といわれる鮎ならではの上品な香りと旨みは、いつもの料理の隠し味としてほんの少し使うだけで、素材本来の味と香りを驚くほど引き立てます。

9

小豆島超特選醤油

小豆島超特選醤油

720ml／2,625円(税込)

九州産フクユタカ大豆など、厳選した素材を杉樽に仕込み続けること2年。二段仕込みで仕上げることで、香り高くまろやかな醤油に仕上がっています。

10

ウマミナチュレ
プレーン/バジル

松前屋

プレーン72g・バジル67g／682円・735円(税込)

北海道道南産の真昆布から作った塩昆布を切り刻んで仕立てた「昆布旨味調味料」です。材料の塩昆布は化学調味料を使っていないため素材本来の優しい味わいです。

11

黒五ちりめんふりかけ

浦島海苔

48g／336円(税込)

黒胡麻・黒米・黒かりん・黒豆・黒松の実入りで国産かつお節、ちりめんを使用し、素材本来の味わい深いおいしさに仕上げました。人気のふりかけです。

12

浜御塩　藻塩

白松

120g／420円(税込)

長崎県対馬の海水と国産海藻を使用し塩職人が平釜で仕上げた、まろやかな味わいが特徴のお塩です。

13

マスコバド糖

オルタートレードジャパン

500g／284円(税込)

フィリピン・ネグロス島産のマスコバド糖は、サトウキビを搾り、ジュースを煮詰めて濃縮し、精製することなく撹拌しながら自然乾燥させた粉末の黒砂糖で、えぐみが少なく、あっさりとした味わいです。

14

「蔵の素」顆粒だし

50g／630円(税込)

昆布・かつお・「蔵の素」のみで作り上げ、合成添加物不使用の便利な顆粒だし。

15

福来純　三年熟成本みりん

白扇酒造

500ml／777円(税込)

原料は、もち米、米麹、焼酎のみを使用。3年間熟成させることで、芳醇な香りとすみきった上品な甘みを兼ね備えた美しい琥珀色の本みりんです。

永くお客様に愛されている定番商品から、伊勢丹のバイヤーが新たにおすすめする食品まで30品ご紹介。
料理の隠し味として、素材を引きたてる調味料として、
またそれだけで召し上がってもおいしいものなど、料理の幅を広げる品です。

16

京ごまだれ

京大和

300ml／1,575円(税込)

京都高台寺「京大和」厚地(あつち)料理長監修のごまだれ。エビ醤油・ネギ油・豆板醤などで味と香りを際立たせ、利尻昆布だしで味に特徴を加えました。

17

だいだいぽん酢

森田醤油店

250ml／630円(税込)

上品な香りと酸味が特徴のだいだい果汁をたっぷり使用。国産丸大豆しょうゆをベースに枕崎産のかつお節、日高産の根昆布でだしを取り、ブレンドしました。

18

十穀みそ

丸正醸造

300g／630円(税込)

古くから雑穀食文化を育んできた信州・長野を中心に、味噌の風味を活かす大豆をはじめ、十種の穀物から作り上げました。

19

清田正則のこしひかり

今摺り米　特別栽培米　新潟県奥阿賀平瀬産

越後ファーム

2kg・5kg／1,386円・3,465円(税込)

収穫後、籾のまま低温倉庫で保管し、出荷時に籾摺り・検査・精米する鮮度にこだわったお米。登熟期の昼夜温度差10度以上の山間地、新潟県奥阿賀平瀬地区限定のお米です。

20

尾田川さんの大自然育ち五穀ブレンド

尾田川農園

500g／1,575円(税込)

もちきび・もちあわ・たかきび・アマランサス・ひえを各20%ブレンド。尾田川農園の契約農家が生産した農薬不使用栽培のオリジナル。

21

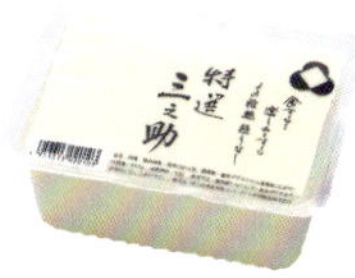

特選三之助

MINOSUKE

400g／399円(税込)

初代「三之助」を越えるべく、木綿豆腐の味を追求し続ける中から生まれた渾身の一品。選び抜かれた国産大豆をブレンドし、木綿特有のコクとまろやかな味わいが楽しめます。

22

ジャージーヨーグルト

三谷牧場

300g／525円(税込)

岩手県の牧場で放牧飼育されるジャージー牛の搾りたて牛乳を使用。上質な旨みと香りが凝縮され牛乳のおいしさが味わえるヨーグルトです。

23

イーハトーヴ物語(卵)

菊地農場

6個入／525円(税込)

岩手県南部奥州市にある菊地農場産の卵。ビタミンB群やミネラルが多い地元産の雑穀など、自然由来の独自飼料を鶏に与えています。甘みと旨みが強く、生でおいしく召し上がれる卵です。

24

オリジナルブリー

フロマジュリー HISADA

100gあたり／581円(税込)

HISADAオリジナルレシピに基づき、現地フランスで作られ、月2回空輸される塩味ひかえめのあっさりとした白カビタイプのチーズです。

25

菜の花蜂蜜

澤谷養蜂園

120g／981円(税込)

青森県横浜町の菜の花畑にて採取。その日のうちにビン詰めした香り豊かなはちみつです。珍しい非加熱の生はちみつはとれたてそのままの香りと甘さが特徴です。

26

紅花の押し出しパスタ

アル・ケッチァーノ

180g／599円(税込)

山形の地産地消レストラン「アル・ケッチァーノ」奥田シェフのレシピに基づき山形の紅花をパスタに練りこんだ香り豊かなパスタ。

27

バーニャカウダ

信州自然王国

160g／798円(税込)

にんにくとアンチョビを贅沢に用いた風味と旨みがたっぷりな特製ソース。肉や魚はもちろんのこと温野菜にかけて召し上がってもおいしい万能ソースです。

28

マネストリーニ

オリオテーカ

500ml／3,360円(税込)

初心者からオリーブオイルに詳しい方まで納得のオリオテーカ定番人気アイテム。野菜料理や魚料理、特に白身魚などデリケートな食材に最適です。

29

アップルジンジャー

セゾンファクトリー

希釈タイプ／200ml／1,525円(税込)

青森県産リンゴと、山形県産の紅玉リンゴ、岩手県産有機生姜をおいしくブレンド。口に含むと、リンゴのコク・甘味・爽やかさが優しく広がります。

30

伊勢丹スペシャルブレンド

キャピタルコーヒー

100g／662円(税込)

希少な豆「カリビアンマウンテン」を主体にしたブレンド。酸味・苦みのバランスがよく、やわらかな口当たりと豊かなコクを有します。

※価格は2011年9月現在のものです。価格は予告なく変更になる場合がございます。予めご了承ください。
※商品のパッケージやデザインが変更になる場合がございます。予めご了承ください。

伊勢丹のうちごはん

有名シェフ26人による
おうちでつくれるオリジナルレシピ147
2011年10月5日　第1刷発行

編　者：伊勢丹
発行者：見城 徹

写　真：杉田恒雄
デザイン：飯田武伸

発行所：株式会社 幻冬舎
〒151-0051 東京都渋谷区千駄ヶ谷4-9-7
電　話：03(5411)6211(編集)
03(5411)6222(営業)
振　替：00120-8-767643
印刷・製本所：大日本印刷株式会社

検印廃止

ISBN978-4-344-02069-6　C0070
幻冬舎ホームページアドレス　http://www.gentosha.co.jp/

この本に関するご意見・ご感想をメールでお寄せいただく場合は、
comment@gentosha.co.jp まで。